U0935782

普通高等教育会计学专业系列教材

财务会计习题集

第2版

主　编　孙利沿

参　编　魏素艳　张秀梅

潘端莲　李　昕　王　涵

机械工业出版社

本书是已出版教材《财务会计》第2版的配套用书，主要用于教师授课和学生自学需要。本书根据2006年财政部颁布的会计准则体系编写，对《财务会计》第2版教材的每一个知识点均附有习题，并给出参考答案，以便学生对学习情况进行测试，检验学习效果。全书在结构设计、观点阐述等方面与《财务会计》第2版教材完全一致，全面反映了我国新准则的主要会计处理以及第2版教材的知识特点；同时，全书按单项选择题、多项选择题、判断题、计算与会计处理题分别编写，便于不同层次学生应试辅导与自查。题量大、内容新、题型标准化程度高是本书的最大特色。

本书可作为普通高等学校会计学专业学生学习财务会计的辅助教材，也可作为教师、在职会计和审计人员，以及参加全国会计专业技术资格和注册会计师统考人员的参考用书。

图书在版编目（CIP）数据

财务会计习题集/孙利沿主编. —2版. —北京：机械工业出版社，2008.7（2014.2重印）

（普通高等教育会计学专业系列教材）

ISBN 978-7-111-24664-0

Ⅰ.财… Ⅱ.孙… Ⅲ.财务会计—高等学校—习题 Ⅳ.F234.4-44

中国版本图书馆CIP数据核字（2008）第105551号

机械工业出版社（北京市百万庄大街22号 邮政编码100037）

责任编辑：商红云 版式设计：张世琴 责任校对：纪 敬

封面设计：张 静 责任印制：刘 岚

北京中兴印刷有限公司印刷

2014年2月第2版第3次印刷

169mm×239mm · 14.75印张 · 281千字

标准书号：ISBN 978-7-111-24664-0

定价：23.00元

普通高等教育经济管理类
专业教材编审委员会

编者的话

新世纪伊始，北京地区部分高等院校联合成立了经济管理类专业教材编审委员会，组织编写出版一套适合各校情况、满足本科层次教学需要的经济管理类专业系列教材。在各校管理学院、系领导及教师的大力支持和参与下，经过一年多的努力，系列教材终于面世了。

改革开放以来，我国管理学科的发展极其迅猛。在这种形势下，各高等院校普遍设置了管理专业，其发展速度之快，规模之大，是前所未有的。而教材建设一直是专业建设和教学改革的瓶颈。

编委会认为，集中各校优势，通过合作方式实现教学资源优化配置，编出一套适合各校情况的教材，对加强各校的合作交流，推动师资培养，促进相关课程的教学改革，是一件一举多得的好事。

“质量第一，开拓创新”是我们编写这套教材的指导思想，出版精品是我们的奋斗目标。现阶段应该从教材特色做起。有特色才能有市场，才能为各校师生所接受和欢迎。这套教材具有以下特点：一是内容上有创新，在继承的基础上，反映了当代管理学科的新发展；二是适用、好用，教材编写精练，并留有余地，各教材每章后都附有相配套的作业题；三是有理工科特色，合作院校的教学对象多数是理工科学生。

为了确保教材质量，经过编委会遴选，各门课程教材都由资深的教授担任主编，同时各教材编写组成员相对稳定；教材根据使用情况及时修订，使其常用常新，不断提高。

为了配合各校开展多媒体教学的需要，某些教材编写组将合作制作与教材配套的课件，以方便广大师生使用。

机械工业出版社是我国于 20 世纪 50 年代初成立的国家级出版社，数十年来，曾出版过许多在国内外有重大影响的科技和经济管理类图书，改革开放以来曾经负责全国理工科院校管理工程专业全国统编教材的出版发行，为我国经济管理类专业的建设和发展作出了重大贡献。这套系列教材出版得到机械工业出版社的大力支持，谨表示衷心感谢！

普通高等教育经济管理类专业教材编审委员会

第 2 版前言

2006 年 2 月 15 日，我国在对原有会计准则进行修订的基础上，颁布了包括一个基本准则和 38 个具体准则在内的新企业会计准则，这是我国会计改革的里程碑，它标志着我国会计准则体系的正式建立。新会计准则体系涵盖了各类企业的各类经济业务，它既与我国国情相适应，同时又与国际会计准则趋同，是一套能够独立实施的、比较科学和完善的会计规范体系。与原有的《企业会计制度》相比，无论是对会计基本概念的界定，还是会计确认、计量、记录和报告的具体方法，新会计准则体系均有较大的变化，对我国会计理论和实务产生了重大影响。在这一客观环境下，我们对《财务会计》进行了修订。

本书是《财务会计》第 2 版教材的配套用书。由于新企业会计准则体系内容涉及企业所有经济业务，也就是说按照新会计准则的要求，几乎需要对原习题集中所有部分进行修订或更新，因此本次修订的工作量非常大。

为了适应不同层次读者的需要，在编写过程中，我们主要在以下方面突出本书特色：

（1）内容新，配套性强。作为《财务会计》第 2 版的配套用书，我们完全按照新会计准则的要求并按《财务会计》第 2 版教材分章编写，全面反映了教材的知识特点，在观念阐述、结构设计上与新会计准则和《财务会计》第 2 版教材保持高度统一。

（2）题量大。由于财务会计是一门实务性很强的学科，在大多数学生没有机会进行会计实践的条件下，一定数量的习题成为巩固知识所必需。本书正是为适应这种要求而产生的，题目几乎涵盖了各章节的每一个知识点，对读者掌握教材内容具有重要作用。

（3）题型标准化程度高。为便于教学与学生自查需要，本书按标准化考试中经常采用的单项选择题、多项选择题、判断题、计算与会计处理题四种题型分别编写，同时对练习题做了必要的解答和演算。因此，本书除满足本科教学与参考外，还可作为在职会计人员和会计专业成人教育的应试辅导用书。

本书由北京理工大学管理与经济学院孙利沿担任主编，负责全书的统稿工作。全书共分为十六章，具体分工如下：

魏素艳、王　涵（北京理工大学）：第一、十五、十六章；

孙利沿（北京理工大学）：第二、九、十章；

李　昕（北京理工大学）：第三、七、八章；

张秀梅（北京理工大学）：第四、十二、十三、十四章；

潘端莲（北京工商大学）：第五、六、十一章。

此外，北京理工大学研究生蒋琼、王姗姗、徐小惠等参与了本书的校对工作。

《财务会计习题集》自出版至今近 4 年的时间里，得到了广大读者的支持和厚爱，对此，编者表示深深的感谢。由于作者的学识和时间所限，书中肯定有不妥之处，错误和疏漏也在所难免，恳请读者批评指正，以便日后修改和完善。

编者

2008 年 4 月

第1版前言

“财务会计”是“初级会计学”的后续课程，也是会计学专业和财务管理专业的必修课程，在专业培养中占有重要地位。本书是《财务会计》教材的配套用书，旨在满足《财务会计》教学及学生自学自查的需要。本书既可作为会计学专业和财务管理专业的教师、学生用书，又对在职会计人员和会计专业成人教育学员具有一定参考价值。

为了适用不同层次读者的需要，在编写过程中，我们主要在以下方面突出本书特色：

(1) 内容新，配套性强。作为《财务会计》的辅导用书，我们完全按照教材分章编写，全面反映了教材的知识特点，在观念阐述、结构设计上与教材保持高度统一。

(2) 题量大。由于财务会计是一门实务性很强的学科，在大多数学生没有机会进行会计实践的条件下，一定数量的习题成为巩固知识所必需。本书正是适应这种要求而产生的，题目几乎涵盖了各章节的每一个知识点，对掌握教材内容具有重要作用。

(3) 题型标准化程度高。为便于教学与学生自查，本书按标准化考试中经常采用的单项选择题、多项选择题、判断题、计算及会计处理题四种题型分别编写，同时对练习题作了必要的解答和演算。因此，本书除满足本科教学与参考外，还可作为在职会计人员和会计专业成人教育学员的应试辅导用书。

本书由北京理工大学管理与经济学院孙利沿担任主编，负责全书的统稿工作。全书共十九章，具体分工如下：第一、二、九、十章由孙利沿编写；第三、八、十六章由北京化工大学张运莲编写；第四、十三、十四、十七章由北京理工大学张秀梅编写；第五、六、十二章由北京工商大学潘端莲编写；第七、十一、十五章由北京理工大学李昕编写；第十八、十九章由北京理工大学魏素艳、王涵编写。此外，北京理工大学周飞进行了校对工作。

由于作者的学识和时间所限，书中可能有不妥之处，错误和疏漏也在所难免，恳请读者批评指正，以便日后修改和完善。

编者

2004年4月

目录

第 1 部分

自测练习题

第一章 总 论

一、单项选择题

1. 资产和负债按照在公平交易中，熟悉情况的交易双方自愿进行资产交换或债务清偿的金额计量。所采用的计量属性是（ ）。

A. 现值　　B. 重置成本

C. 可变现净值　　D. 公允价值

2. 为保证各个企业之间会计信息的可比性，只要是相同的交易或事项，（ ）。

A. 企业可以自由选择会计政策　　B. 就应当采用同样的会计方法

C. 应采用相同方法与不同的政策　　D. 应采用不同方法与相同的政策

3. 通过判断和筛选，将某一会计事项作为会计要素正式记入会计账簿并列入会计报告的过程，被称为（ ）。

A. 会计确认　　B. 会计计量

C. 会计记录　　D. 会计报告

4. A 公司对 B 公司投资，占 B 公司表决权资本的 16%，B 公司生产产品依靠 A 公司提供的配方，并规定 B 公司不得改变其配方，故 A 公司确认对 B 公司具有重大影响。此项业务处理是根据（ ）基本准则。

A. 重要性　　B. 相关性

C. 谨慎性　　D. 实质重于形式

5. 从会计信息成本效益看，对所有会计事项应采取分轻重主次和繁简详略进行会计核算，而不应采取完全相同的会计程序和处理方法，体现的是（ ）基本准则。

A. 谨慎性　　B. 重要性

C. 相关性　　D. 明晰性

6. 根据《企业会计准则——基本准则》的规定，下列不属于会计信息质量要求内容的是（ ）。

A. 企业应当按照交易或者事项的经济实质进行会计确认、计量和报告，不应仅以交易或者事项的法律形式为依据

B. 企业提供的会计信息应当反映与财务状况、经营成果和现金流量等有关的所有重要交易和事项

C. 企业对交易或事项进行会计确认、计量和报告应当保持应有的谨慎，不应高估资产或收益，低估负债或费用

D. 企业应当以权责发生制为基础进行会计确认、计量和报告

7. 制定会计准则的主要依据是（　　）。

A. 宪法　　B. 会计实践

C. 会计法　　D. 会计制度

8. 下列表述不正确的是（　　）。

A. 利润是指企业在一定会计期间的经营成果，利润包括利得和损失

B. 所有者权益的来源包括所有者投入的资本、留存收益等，不包括利得和损失

C. 企业发生的交易或事项导致其承担了一项负债而又不确认为资产的，应当在发生时确认为费用，计入当期损益

D. 对于不重要的会计事项，在不影响会计信息真实性和不至于误导财务报告使用者作出正确判断的前提下，可适当简化处理

9. 不同企业发生的相同或者类似的交易或事项，应当采用规定的会计政策，确保会计信息口径一致，相互可比，体现的是（　　）原则。

A. 真实性　　B. 相关性

C. 可比性　　D. 重要性

10. 某股份公司的下列做法中，违背会计核算可比性原则的是（　　）。

A. 因减持股份对被投资单位不再具有控制权，将长期股权投资由权益法改为成本法

B. 因预计发生年度亏损，将以前年度计提的在建工程减值准备全部予以转回

C. 因客户的财务状况好转，将坏账准备的计提比例由应收账款余额的30%改为15%

D. 由于固定资产的更新改造，预计使用年限由10年变更为15年

二、多项选择题

1. 下列各项中，可以作为一个主体进行核算的有（　　）。

A. 销售部门　　B. 母公司及其子公司组成的企业集团

C. 母公司　　D. 企业生产车间

E. 非独立核算的分公司

2. 我国的会计法规体系主要包括（　　）。

A. 会计法　　B. 会计准则

C. 会计制度　　D. 其他经济法规

E. 地方规章

3. 在有不确定因素情况下作出合理判断时，下列事项符合谨慎性原则的做法是（ ）。

A. 合理估计可能发生的损失和费用

B. 设置秘密准备，以防备利润计划完成不佳的年度转回

C. 充分估计可能取得的收益和利润

D. 不要高估资产和预计收益

E. 尽可能低估负债和费用

4. 在确认资产、负债、收入、费用等要素时，应满足的条件有（ ）。

A. 符合会计要素定义　　B. 经济利益很可能流入、流出企业

C. 经济利益能够可靠计量　　D. 具有相关性

E. 具有可靠性

5. 会计计量属性主要包括（ ）。

A. 历史成本　　B. 重置成本

C. 可变现净值　　D. 现值

E. 公允价值

6. 下列各种会计处理方法，体现谨慎性原则的是（ ）。

A. 固定资产采用加速折旧法计提折旧

B. 计提各项资产减值准备

C. 在物价持续上涨的情况下，采用后进先出法计价

D. 企业研究开发无形资产过程中研究阶段发生的费用，于发生时计入当期损益

E. 长期股权投资采用成本法核算

7. 对盘盈资产的计价，可采用的计量属性有（ ）。

A. 重置成本　　B. 公允价值

C. 可变现净值　　D. 现值

E. 历史成本

8. 财务会计报告可能包括（ ）。

A. 会计报表　　B. 报表附注

C. 董事会决议　　D. 股东大会决议

E. 重大事项公告

9. 以下属于中级财务会计核算范畴的是（ ）。

A. 企业由于严重亏损，无法偿还到期债务，已进入破产清算程序

B. 在恶性通货膨胀的情况下，企业采用稳值货币单位进行计量

C. 企业对期末资产采用可变现净值或公允价值进行计量

D. 企业对所属集团的控股子公司采用母公司法编制合并会计报表

E. 企业对会计政策变更的累积影响数采用追溯调整法进行确认

10. 可变现净值适用于（ ）。

A. 接受捐赠的固定资产，捐赠方没有提供有关凭据的，同类或类似固定资产不存在活跃市场的，其入账价值的确定

B. 盘盈固定资产，同类或类似固定资产不存在活跃市场的，其入账价值的确定

C. 出售固定资产

D. 接受捐赠的无形资产，捐赠方没有提供有关凭据的，同类或类似固定资产不存在活跃市场的，其入账价值的确定

E. 确定资产可收回金额

三、判断题

1. 同一企业不同时期发生的相同或类似的交易或事项，应当采用一致的会计政策，不得随意变更。确实需要变更的，应当在附注中进行说明。这体现的是基本会计准则的一贯性原则。（ ）

2. 根据新会计准则，配比原则和成本效益原则是用来指导各期成本费用确认的，以便正确计算利润。（ ）

3. 根据《企业会计准则——基本准则》规定，企业应当以权责发生制为基础进行会计确认、计量和报告。（ ）

4. 财务会计规范仅包括会计法、会计准则和会计制度，而与会计工作相关的税法和票据法不包括在其中。（ ）

5. 所有企业都必须及时编制并对外报送资产负债表、利润表、现金流量表和所有者权益变动表。（ ）

6. 对于上市公司而言，投资人和债权人非常需要有关未来经营状况和财务成果方面的信息，因此盈利预测报表已被正式纳入财务会计报告的范围。（ ）

7. 财务会计信息除要求真实和完整外，必须保证绝对的准确。（ ）

8. 在我国现行的会计核算中，一般情况下采用名义货币和公允价值的计量模式。（ ）

9. 在市场经济体制下，政府部门仍然是会计信息最主要的使用者，因此只要满足政府部门的需要就实现了会计核算的目标。（ ）

10. 无论是手工记账还是电算化会计，其会计凭证填制和账簿登记的程序和方法基本是相同的。（ ）

第二章　货币资金和应收项目

一、单项选择题

1. 下列情形中，不违背《内部会计控制规范》规定的“确保办理货币资金业务的不相容岗位相互分离、制约和监督”原则的是（　　）。

A. 由出纳人员兼任会计档案保管工作

B. 由出纳人员保管签发支票所需全部印章

C. 由出纳人员兼任收入总账和明细账的登记工作

D. 由出纳人员兼任固定资产明细账及总账的登记工作

2. 下列情况中，企业不能直接使用库存现金结算的有（　　）。

A. 交纳的税金　　　　B. 职工的工资、津贴

C. 向个人收购农副产品价款　　　　D. 结算起点以下的零星开支

3. 下列情况中，企业不能动用库存现金支付的是（　　）。

A. 支付职工奖金 80 000 元　　　　B. 购买办公用品 500 元

C. 支付购买设备款 7 500 元　　　　D. 预付出差人员携带的差旅费18 000元

4. 企业现金发生长款，但未查明原因，对此，企业应当（　　）。

A. 不作账务处理，继续查找　　　　B. 经批准转做营业外收入

C. 经批准抵减营业外支出　　　　D. 经批准抵减现金存款

5. 现金日记账应做到日清日结，如发现现金短缺，应计入（　　）科目。

A. 管理费用　　　　B. 其他应收款

C. 待处理财产损溢　　　　D. 营业外支出

6. 下列结算方式中，在同城、异地均可使用的结算方式有（　　）。

A. 支票　　　　B. 银行本票

C. 委托收款　　　　D. 托收承付

7. 下来各项中，不得用于支取现金的是（　　）。

A. 信用卡（单位卡）　　　　B. 注有“现金”字样的银行本票

C. 现金支票　　　　D. 注有“现金”字样的银行汇票

8. 企业用于办理日常转账结算和现金收付的银行存款户是（　　）。

A. 基本存款账户　　　　B. 一般存款账户

C. 临时存款账户　　　　D. 专用存款账户

9. 根据有关规定，企业的工资、奖金等现金的支取，只能通过（　　）账

户办理。

A. 基本存款账户　　B. 一般存款账户

C. 临时存款账户　　D. 专用存款账户

10. 企业一般不能从现金收入中直接支付现金，因特殊情况需要坐支现金的，应当事先报经（　　）审查批准。

A. 上级主管　　B. 税务机关

C. 开户银行　　D. 工商行政管理部门

11. 企业将准备用于有价证券投资的现金存入证券公司指定的账户时，应借记的会计科目是（　　）。

A. 银行存款　　B. 其他应收款

C. 其他货币资金　　D. 交易性金融资产

12. 采用商业汇票结算，购销双方必须（　　）。

A. 有商品交易　　B. 有劳务的供应

C. 订有合同的商品交易　　D. 订有合同的劳务供应等交易

13. 某企业 2 月 28 日将某公司 1 月 31 日签发的带息商业汇票向银行办理贴现，该票据面值为 10 000 元，年利率 10%，期限 6 个月，贴现率 12%，则该企业实际收到的贴现款为（　　）元。

A. 9 975　　B. 10 000

C. 10 335　　D. 10 600

14. 一张票面金额为 10 000 元、6 个月的不带息应收票据，企业已经持有 5 个月，按 12%的贴现率进行贴现，则该企业可得贴现款为（　　）元。

A. 9 900　　B. 10 000

C. 9 880　　D. 10 650

15. 2008 年 6 月 14 日签发、期限 90 天的票据，到期日为（　　）。

A. 9 月 12 日　　B. 9 月 13 日

C. 9 月 14 日　　D. 9 月 11 日

16. 银行承兑汇票到期，若付款方无力支付票款，则付款方应（　　）。

A. 借：应付票据
　　贷：应付账款

B. 借：应付票据
　　贷：应收账款

C. 借：应付票据
　　贷：短期借款

D. 借：应付票据
　　贷：银行存款

17. 我国现行制度规定，应收票据应按（ ）入账。

A. 面值　　B. 到期值

C. 贴现金额　　D. 面值加利息

18. 下列项目中，销售方应作为财务费用处理的是（ ）。

A. 购货方获得的商业折扣　　B. 购货方获得的现金折扣

C. 购货方获得的销售折让　　D. 购货方放弃的现金折扣

19. 某企业3月15日销售产品一批，应收账款为15万元（不考虑增值税），规定付款条件为2/10，1/20，n/30，购货方于3月26日付款，则该企业实际收到的金额为(）万元。

A. 15　　B. 14.85

C. 14.7　　D. 14

20. 某企业采用应收账款余额百分比法进行坏账核算，计提比例为5‰，该企业2008年末“坏账准备”为借方余额15 000元，2009年末该企业应收账款余额为400万元，则该企业2009年关于坏账准备的账务处理是（ ）。

A. 贷：坏账准备 20 000　　B. 贷：坏账准备 35 000

C. 贷：坏账准备 5 000　　D. 借：坏账准备 5 000

21. 某企业有关科目的期末余额如下：

(1)“应收账款——甲公司”借方余额100 000元

(2)“应收账款——乙公司”借方余额20 000元

(3)“预收账款——丙公司”借方余额40 000元

(4)“预收账款——丁公司”贷方余额10 000元

(5)“应付账款——戊公司”借方余额60 000元

若该企业坏账准备提取比例为5‰，则该企业本期应提取的“坏账准备”项目的金额为（ ）元。

A. 650　　B. 900

C. 800　　D. 1 150

22. 企业在采用备抵法核算坏账损失时，如果已确认并转销的坏账以后又收回，则应按收回的金额，（ ）。

A. 借：应收账款

　　贷：资产减值损失

B. 借：应收账款

　　贷：坏账准备

　借：银行存款

　　贷：应收账款

C. 借：应收账款

贷：坏账准备

D. 借：银行存款

贷：资产减值损失

23. 某企业销售产品一批，不含增值税售价 10 000 元，商业折扣为 5%，现金折扣为 3/10，1/20，n/30，客户于第 19 天支付货款。假设该企业适用的增值税税率为 17%，则应收账款的入账金额为（　　）元。

A. 9 500　　B. 11 700

C. 11 115　　D. 11 583

24. 若企业预付账款业务不多，为简化核算，可直接将预先支付的货款记入（　　）。

A. “应付账款”科目的借方　　B. “应收账款”科目的借方

C. “应付账款”科目的贷方　　D. “应收账款”科目的贷方

25. 实行定额备用金制度的企业，一旦建立，在用款单位（　　）时，再通过其他应收款科目核算。

A. 使用　　B. 报销费用

C. 定额发生变动　　D. 支付

二、多项选择题

1. 下列支出可使用库存现金结算的有（　　）。

A. 购买办公用品 500 元　　B. 业务员出差借款 10 000 元

C. 购入设备一台 50 000 元　　D. 向农户收购农副产品 10 000 元

E. 支付员工奖金 70 000 元

2. 下列既可用于转账结算，又可用于支取现金的有（　　）。

A. 普通支票　　B. 注有“现金”字样的银行本票

C. 转账支票　　D. 注有“现金”字样的银行汇票

E. 划线支票

3. 下列结算方式中，可用于同城结算的有（　　）。

A. 支票　　B. 银行本票

C. 商业汇票　　D. 委托收款

E. 托收承付

4. 下列各项中，属于“其他货币资金”的有（　　）。

A. 银行汇票存款　　B. 银行本票存款

C. 信用证存款　　D. 外埠存款

E. 冻结存款

5. 下列项目应作为应收票据核算的有（　　）。

A. 商业汇票 B. 银行汇票
C. 商业承兑汇票 D. 银行承兑汇票
E. 银行本票

6. 计算带息商业汇票到期值时，应考虑的因素有（ ）。
A. 贴现率 B. 票面金额
C. 票面利率 D. 票据期限
E. 贴现期限

7. 当带息商业汇票的票面利率与贴现利率相同时，则贴现净额会（ ）。
A. 可能等于票面金额 B. 可能大于票面金额
C. 可能小于票面金额 D. 一定小于票面金额
E. 与贴现期长短无关

8. "应收账款"核算的内容不包括下列款项（ ）。
A. 应收职工欠款 B. 购买的长期债券
C. 因销售活动形成的债权 D. 存出的保证金
E. 应收债务人的利息

9. 采用备抵法核算坏账，可采用下列方法中的（ ）估计坏账损失。
A. 加权平均法 B. 赊销百分比法
C. 账龄分析法 D. 应收账款余额百分比法
E. 直接转销法

10. 下列各项中，应记入"坏账准备"账户贷方的有（ ）。
A. 实际发生的坏账 B. 收回以前确认并转销的坏账
C. 按赊销百分比计提的坏账准备 D. 冲回多提的坏账 2 000 元
E. 提取坏账准备 2 000 元

11. 采用备抵法核算坏账损失，其优点是（ ）。
A. 账务处理比较简单 B. 符合谨慎性原则
C. 符合权责发生制原则 D. 避免企业虚夸资产
E. 避免企业虚盈实亏

12. 下列各项中，属于其他应收款核算内容的有（ ）。
A. 应收股利 B. 存出保证金
C. 备用金 D. 赊销产品
E. 应向保险公司索赔的款项

三、判断题

1. 企业日常零星开支所需现金由开户银行根据企业的实际需要量核定最高限额，一般为1～3天的日常零星开支所需要的库存现金限额。（ ）

2. 在我国，使用托收承付结算方式的每笔金额起点为 1 000 元。（ ）

3. 经办企业的货币资金收付、稽核及会计档案的保管必须由两人以上负责。（ ）

4. 商业汇票可以背书转让，被背书人应对票据的到期付款负连带责任。（ ）

5. 企业带息应收票据，在年末资产负债表中应以账面价值反映。（ ）

6. 在我国，应收票据只核算商业汇票的内容，而不包括其他任何票据。（ ）

7. 在存在现金折扣的情况下，若采用总价法核算，应收账款应按营业收入扣除预计最大的现金折扣后的金额确认。（ ）

8. 按照我国企业会计准则规定，企业应采用备抵法核算坏账损失。（ ）

9. 企业当期提取的坏账准备金额，应等于当期按应收账款计算应提坏账准备金额减“坏账准备”账户的贷方余额。（ ）

10. 对预付账款不多的企业，可将其直接记入“应收账款”账户的借方。（ ）

11. 企业备用金业务可通过“其他应收款”科目核算。（ ）

四、计算与会计处理题

1. 某公司 2008 年 1 月 31 日库存现金余额为 4 000 元，2 月发生下列库存现金业务：

（1）开出现金支票，从银行提取现金 50 000 元。

（2）企业管理部门用现金购买办公用品 900 元。

（3）营业部门销售小额商品收取现金 480 元。

（4）业务员张某出差借差旅费 7 000 元。

（5）以现金拨付营业部门备用金 10 000 元。

（6）用现金支付违规罚款 300 元。

（7）业务员张某出差归来，报销差旅费 6 850 元，余款 150 元交回。

（8）出纳员将超出库存现金限额的 16 000 元存入银行。

【要求】根据上述资料编制会计分录。

2. 某企业 2008 年 6 月 30 日收到的银行对账单余额为 64 575 元，银行存款日记账余额为 67 500 元，经核对，发现下列未达账项：

（1）6 月 29 日，企业委托银行收款 3 750 元，银行已收款入账，企业尚未入账。

（2）6 月 30 日，银行代付电费 4 350 元，企业尚未收到付款通知。

（3）6 月 30 日，企业送存银行的转账支票 4 800 元，银行尚未入账。

(4) 6 月 30 日，企业开出转账支票一张 2 475 元，银行尚未入账。

【要求】 根据上述资料，编制“银行存款余额调节表”。

3. 甲公司采用业务发生时的汇率作为折合率，按月计算汇兑损益。200×年 9 月 30 日的即期汇率为 1 美元＝7.0 元人民币。当日有关外币账户余额如下：

项　目	外币金额/美元	当日即期汇率	折算为人民币金额/元
银行存款	200 000	7.0	1 400 000
应收账款	1 000 000	7.0	7 000 000
应付账款	400 000	7.0	2 800 000

甲公司 10 月份发生以下外币业务：

(1) 7 日，从国外 A 客户进口原材料一批，共计 800 000 美元，货款尚未支付，当日的即期汇率为 1 美元＝6.98 元人民币。

(2) 16 日，从银行借入短期外币借款 1 000 000 美元，当日的即期汇率为 1 美元＝6.98 元人民币。

(3) 19 日，对外销售产品一批，价款共计 400 000 美元，当日的即期汇率为 1 美元＝6.97 元人民币，款项尚未收到。

(4) 28 日，偿还上月欠国外 A 客户的货款 400 000 美元，当日的即期汇率为 1 美元＝6.97 元人民币。

(5) 31 日，收到上月发生的应收账款 600 000 美元，当日的即期汇率为 1 美元＝6.96 元人民币。

假定不考虑增值税等相关税费，甲公司在银行开设有美元账户。

【要求】

(1) 编制 10 月份发生的外币业务的会计分录。

(2) 分别计算 10 月份发生的汇兑损益净额及其计入财务费用的汇兑损益金额，并列出计算过程。

(3) 编制期末汇兑损益的会计分录。

4. 某企业采购员到异地采购原材料一批，取得的专用发票上注明价款 300 000 元，增值税 51 000 元，款项以银行汇票结算，原材料已经验收入库。银行汇票出票金额为 400 000 元。

【要求】 根据上述资料，编制有关分录。

5. 甲公司发生下列经济业务：

(1) 3 月 4 日，销售产品一批给乙公司，增值税专用发票上注明价款 50 000 元，增值税 8 500 元，并为之代垫运杂费 1 500 元，款项均未收到。

(2) 3 月 16 日，乙公司签发一张带息的商业承兑汇票给甲公司，面值 60 000 元，年利率 6%，期限 90 天，结清前欠货款。

(3) 4月15日，因急需资金，甲公司将汇票贴现，贴现率7.2%，贴现所得款已存入银行。

(4) 6月14日，收到银行通知，甲公司和乙公司均无款支付到期的贴现票据款，已将票据转作逾期贷款处理。

【要求】

(1) 计算贴现所得额。

(2) 编制有关会计分录。

6. 某企业2008年3月20日销售产品一批，货已发出，专用发票上注明的销售收入为100 000元，增值税税额17 000元，货款未收，该批产品销售成本为70 000元。同日，该企业收到购货企业交来的不带息商业承兑汇票一张，票面金额117 000元，期限60天。4月4日，该企业因资金紧张，将该票据向银行办理贴现，贴现率8%。

【要求】根据上述资料，编制有关分录。

7. 某企业为取得一批原材料，将持有的一张带息商业汇票背书转让，汇票面值100 000元，期限6个月，该批原材料价款200 000元，增值税税额34 000元，该票据尚未计提的利息为5 437元，差额以银行存款支付。

【要求】根据上述资料，编制有关分录。

8. 某公司2008年8月份发生下列业务：

(1) 8月3日将一批产品销售给甲公司，增值税专用发票上注明价款20 000元，增值税税额3 400元，货款尚未收到。付款条件为2/10，1/20，n/30。

(2) 8月18日，收到甲公司退回的8月3日销售的部分商品，发票价格为3 000元（不含增值税）。

(3) 8月22日，甲公司用银行汇票结算方式，结清上述款项。

【要求】用总价法核算并编制有关分录。

9. 2008年12月31日，A企业得知债务人B企业发生严重财务困难，因此对应收B企业的账款进行减值测试。该项应收账款余额为4 800 000元，A企业根据B企业的资信情况确定按5%提取坏账准备。2009年A企业对B企业的应收账款，实际发生坏账损失64 000元，2009年末A企业对B企业的应收账款余额为5 760 000元，经减值测试，仍按5%提取坏账准备。2010年接开户行通知，以前确认的B企业坏账40 000元重新收回，2010年末A企业对B企业的应收账款余额为4 000 000元，经减值测试，仍按5%提取坏账准备。

【要求】根据上述资料，编制有关分录。

10. 某公司为增值税一般纳税企业，应收账款的处理采用总价法，11月份发生下列货币资金及应收款项业务：

(1) 11月1日，出纳交来因上个月工作失误，由本人赔偿的现金100元。

(2) 11 月 2 日，企业填制“银行汇票申请书”，申请银行汇票 800 000 元。

(3) 11 月 3 日，赊销给大地公司商品一批，价款为 30 000 元，付款条件为“1/20，n/60”。

(4) 11 月 4 日，因急需资金，将一张 10 月 4 日签发，期限 6 个月，面值 27 000元的银行承兑汇票向银行贴现，贴现率为 9%。

(5) 11 月 5 日，企业确认为坏账并已核销的万科公司的应收账款 25 000 元又收回。

(6) 11 月 6 日，企业从白云公司购进材料一批，增值税专用发票上注明价款为 200 000 元，增值税税额为 34 000 元，企业将持有的中华公司商业汇票转让给白云公司，金额为 234 000 元。

(7) 11 月 7 日，以转账支票预付蓝天公司材料款 15 000 元。

(8) 11 月 22 日，大地公司支付商品款。

(9) 11 月 29 日，收到蓝天公司材料，增值税专用发票上注明价款为 17 000 元，增值税税额为 2 890 元。

(10) 11 月 30 日，以银行汇票 800 000 元购进原材料 600 000 元，支付增值税税额为 102 000 元，余款退回，材料已验收入库。

【要求】根据上述资料编制会计分录。

第三章　存　　货

一、单项选择题

1. 某企业为增值税一般纳税企业，适用的增值税税率为17%，适用的消费税税率为10%。该企业委托其他单位（增值税一般纳税企业）加工一批属于应税消费品的原材料（非金银首饰），该批委托加工原材料收回后用于继续生产应税消费品。发出原材料的成本为180万元，支付的不含增值税的加工费为90万元，支付的增值税为15.3万元。该批原材料已加工完成并验收入库，其实际成本为（　　）万元。

A. 270　　　　B. 280

C. 300　　　　D. 315.3

2. 企业发生的原材料盘亏或毁损中，不应作为管理费用列支的是（　　）。

A. 自然灾害造成的毁损净损失　　　　B. 保管中发生的定额内自然损耗

C. 收发计量造成的盘亏损失　　　　D. 管理不善造成的盘亏损失

3. 某企业月初库存钢材100t，单价为1 400元/t，本月购进两批钢材，一次为300t，单价为1 600元/t；一次为100t，单价为1 500元/t，则月末加权平均单价为（　　）元/t。

A. 1 540　　　　B. 1 640

C. 1 543　　　　D. 1 535

4. 某工业企业为增值税一般纳税人。购入乙种原材料5000t，收到的增值税专用发票上注明的售价为每吨1 200元，增值税额为1 020 000元，另发生运输费用60 000元，装卸费用20 000元，途中保险费用1 800元。原材料运抵企业后，验收入库原材料为4 996t，运输途中发生合理损耗4t，则该原材料的入账价值为（　　）元。

A. 6 078 000　　　　B. 6 098 000

C. 6 093 800　　　　D. 6 081 800

5. 某公司采用成本与可变现净值孰低法计量存货，按单项存货于期末计提存货跌价准备。2008年12月31日，该公司拥有甲、乙两种商品，成本分别为240万元、320万元。其中，甲商品全部签订了销售合同，合同销售价格为200万元，市场价格为190万元；乙商品没有签订销售合同，市场价格为300万元；销售价格和市场价格均不含增值税。该公司预计销售甲、乙商品尚需分别发生销售费用 12 万元、15 万元，不考虑其他相关税费；截至 2008 年 11 月 30 日，该公司尚未为甲、乙商品计提存货跌价准备。2008 年 12 月 31 日，该公司应为甲、乙商品计提的存货跌价准备总额为（ ）万元。

A. 60　　B. 77

C. 87　　D. 97

6. 乙工业企业为增值税一般纳税企业。本月购进原材料 200kg，货款共计为6 000元，增值税为 1 020 元；发生的保险费为 350 元，入库前的挑选整理费用为 130 元；验收入库时发现数量短缺 10%，经查属于运输途中合理损耗。乙工业企业该批原材料实际单位成本为（ ）元/kg。

A. 32.4　　B. 33.33

C. 35.28　　D. 36

7. 甲公司采用成本与可变现净值孰低计量期末存货，按单项存货计提存货跌价准备。2008 年 12 月 31 日，甲公司库存自制半成品成本为 35 万元，预计加工完成该产品尚需发生加工费用 11 万元，预计产成品不含增值税的销售价格为 50 万元，销售费用为 6 万元。假定该库存自制半成品未计提存货跌价准备，不考虑其他因素。2008 年 12 月 31 日，甲公司该库存自制半成品应计提的存货跌价准备为（ ）万元。

A. 2　　B. 4

C. 9　　D. 15

8. 某工业企业 2008 年 1 月 1 日甲材料账面实际成本 90 000 元，结存数量 500kg；1 月 2 日购进甲材料 500kg，每千克实际单价 200 元；1 月 13 日购进甲材料 300kg，每千克实际单价 180 元；1 月 5 日和 20 日各发出材料 100kg。如该企业采用移动平均法计算发出甲材料的实际成本，则 2008 年 1 月 31 日甲材料账面余额为（ ）元。

A. 206 250　　B. 208 000

C. 206 425　　D. 206 000

9. 某零售商店年初库存商品成本为 50 万元，售价总额为 72 万元，当年购入商品的实际成本为 120 万元，售价总额为 200 万元，当年销售收入为当年购入商品售价总额的 80%，在采用零售价格法的情况下，该商品年末库存商品成本为（ ）万元。

A. 67.2　　B. 70

C. 60　　D. 80

10. 某企业 2007 年 12 月 31 日存货的账面价值为 20 000 元，预计可变现净值为 19 000 元。2008 年 12 月 31 日存货的账面价值仍为 20 000 元，预计可变现净值为 21 000 元。则 2008 年末应冲减的存货跌价准备为（ ）元。

A. 1 000　　B. 2 000

C. 9 000　　D. 3 000

11. 存货的入账时间是（　　）。

A. 签定合同的时间　　B. 收到货物的时间

C. 支付货款的时间　　D. 取得货物产权的时间

12. 企业持有存货的最终目的是为了（　）。

A. 自用　　B. 消耗

C. 捐赠　　D. 出售

13. 某增值税一般纳税企业本期购入一批商品，进货价格为 80 万元，增值税进项税额为 13.60 万元。所购商品运达后验收时发现商品短缺 30%，其中合理损失 5%，另 25%的短缺尚待查明原因，该商品存货的实际成本为（　　）万元。

A. 70.20　　B. 56

C. 80　　D. 60

14. 随同产品出售并单独计价的包装物的成本应结转计入（　）。

A. 营业费用　　B. 其他业务成本

C. 生产成本　　D. 主营业务成本

15. 甲公司采用计划成本进行材料的日常核算。2008 年 12 月，月初结存材料计划成本为 200 万元，成本差异为超支 4 万元；本月入库材料计划成本为 800 万元，成本差异为节约 12 万元；本月发出材料计划成本为 600 万元。假定甲公司按月末材料成本差异率分配本月发出材料应负担的材料成本差异，甲公司本月末结存材料实际成本为（　）万元。

A. 394　　B. 396.8

C. 399　　D. 420

16. 某企业发出存货采用移动加权平均法计价。2008 年 3 月 1 日存货结存数量为 200 件，单价为 4 元；3 月 2 日发出存货 150 件；3 月 5 日购进存货 200 件，单价为 4.40 元；3 月 7 日发出存货 100 件，则 3 月 7 日结存存货的实际成本为（　）元。

A. 648　　B. 432

C. 1 080　　D. 630

17. 某商场采用毛利率法对商品的发出和结存进行日常核算。2008 年 7 月，甲类商品期初存货余额为 15 万元。该类商品本月购进为 20 万元，本月销售收入为 25 万元，本月销售折让为 1 万元。上月该类商品按扣除销售折让后计算的毛利率为 20%。假定不考虑相关税费，2008 年 7 月该类商品月末库存成本为（　　）万元。

A. 10　　B. 15.8

C. 15　　D. 19.2

18. 甲公司存货的日常核算采用毛利率法计算发出存货成本。该企业 2008 年 4 月销售收入为 500 万元，销售成本为 460 万元；4 月末存货成本为 300 万元。5 月购入存货 700 万元，本月销售收入为 600 万元，发生销售退回 40 万元。假定不考虑相关税费，该企业 2008 年 5 月末存货成本为（　　）万元。

A. 448　　B. 484.8

C. 540　　D. 440

19. 某企业因火灾毁损一批材料 16 000 元，该批材料的进项税额为 2 720 元。收到各种赔款 1 500 元，残料入库 200 元。报经批准后，应计入"营业外支出"的金额为（　　）元。

A. 17 020　　B. 18 520

C. 14 300　　D. 18 720

20. 计算存货可变现净值时，不应从预计售价中扣除的项目是（　　）。

A. 销售过程中发生的税金　　B. 存货的账面价值

C. 销售过程中发生的销售费用　　D. 销售前进一步加工的费用

21. 甲企业发出实际成本为 140 万元的原材料，委托乙企业加工成半成品，收回后用于连续生产应税消费品，甲企业和乙企业均为增值税一般纳税人，甲公司根据乙企业开具的增值税专用发票向其支付加工费 4 万元和增值税 0.68 万元，另支付消费税 16 万元，假定不考虑其他相关税费，甲企业收回该批半成品的入账价值为（　　）万元。

A. 144　　B. 144.68

C. 160　　D. 160.68

二、多项选择题

1. 下列项目中，属于存货的有（　　）。

A. 生产已领用但尚未售出的包装物　　B. 库存工程用料

C. 购入的在途物资　　D. 委托代销商品

2. 永续盘存制确定存货数量的主要优点是（　　）。

A. 实用性强　　B. 具有内在监督机制

C. 尤其适用于鲜活商品零售企业　　D. 随时反映存货收、发、存的动态

3. 计算存货可变现净值时，应从预计售价中扣除的项目是（　　）。

A. 出售前发生的行政管理人员的工资　　B. 存货的账面成本

C. 销售过程中发生的销售费用　　D. 出售前进一步加工的加工费用

4. "材料成本差异"科目的贷方登记（　　）。

A. 发出材料负担的节约差异　　　　B. 发出材料负担的超支差异

C. 实际成本大于计划成本的差异　　D. 实际成本小于计划成本的差异额

5. 下列各项中，应作为包装物进行核算和管理的有（　　）。

A. 随同产品出售单独计价的包装物

B. 随同产品出售不单独计价的包装物

C. 出租和出借给购买单位的包装物

D. 用于储存和保管产品而不对外销售的包装物

6. 某企业（一般纳税人）委托外单位加工材料，下列各项中应计入委托加工物资成本的有（　　）。

A. 发出材料的实际成本　　　　B. 支付的加工费

C. 加工材料应负担的运杂费　　D. 支付的增值税

7. 企业进行材料清查时，对于盘亏的材料，应先计入“待处理财产损溢”科目，待期末或报经批准后，根据不同的原因可分别转入（　　）。

A. 管理费用　　　　B. 营业费用

C. 营业外支出　　　D. 其他应收款

8. 实际工作中，影响存货入账价值的主要因素有（　　）。

A. 购货价格　　　　B. 购货费用

C. 进口关税　　　　D. 期间费用

9. 期末存货计价过高，可能会引起（　　）。

A. 当期收益增加　　B. 当期收益减少

C. 所有者权益增加　D. 销售成本增加

10. 下列应计入“其他业务成本”项目的有（　　）。

A. 随同产品出售单独计价的包装物成本

B. 出借包装物成本的摊销

C. 随同产品出售不单独计价的包装物成本

D. 出租包装物成本的摊销

11. 下列有关确定存货可变现净值基础的表述，正确的有（　　）。

A. 无销售合同的库存商品以该库存商品的估计售价为基础

B. 有销售合同的库存商品以该库存商品的合同价格为基础

C. 用于出售的无销售合同的材料以该材料的市场价格为基础

D. 用于生产有销售合同产品的材料以该材料的市场价格为基础

三、判断题

1. 企业存货应包括一切尚未售出且还存放在承销商手中的商品。（　　）

2. 采用实地盘存法进行存货核算时，企业在期末需进行实物盘点；而采用

永续盘存法则不需盘点。( )

3. 在永续盘存制下，若盘点时发现账实不符，应根据账面记录调整实际库存。( )

4. 采用加权平均法对存货计价，当物价下跌时，加权平均成本（指存货单位成本）将会大于现行成本；当物价上升时，加权平均成本将会小于现行成本。( )

5. 历史成本计价方法的一个严重缺点是以历史成本和现时收入相匹配，因而不能确切地计量出本期的经营成果。( )

6. 在定期盘存制下，进行存货盘点的目的，在于通过实地盘点确定期末存货数量，并倒推销售或耗用存货的成本。( )

7. 在先进先出法下，物价下跌，会使存货价值和企业收益达到较高水平；物价上涨时，结果则相反。( )

8. 采用计划成本进行材料日常核算的，月末分摊材料成本差异时，无论是节约还是超支，均记入“材料成本差异”科目的贷方。( )

9. 存货的计价与资产负债表有直接联系，而与利润表无关。( )

10. 成本与可变现净值孰低法中的“成本”是指存货的历史成本，可变现净值是指存货的估计售价。( )

11. 企业每期都应当重新确定存货的可变现净值，如果以前减记存货价值的影响因素已经消失，则减记的金额应当予以恢复，并在原已计提的存货跌价准备的金额内转回。( )

12. 企业采用先进先出法计量发出存货的成本，如果本期发出存货的数量超过本期第一次购进存货的数量（假定本期期初无库存），超过部分仍应按本期第一次购进存货的单位成本计算发出存货的成本。( )

13. 商品流通企业在采购商品过程中发生的运输费、装卸费、保险费以及其他可归属于存货采购成本的费用等，应当计入存货的采购成本；也可以先进行归集，期末再根据所购商品的存销情况进行分摊。( )

四、计算与会计处理题

1. 某工业企业属于一般纳税企业，2008 年 2 月初原材料账户计划成本为 17 500 元，材料成本差异账户为借方余额 500 元，该企业 2 月份发生以下经济业务（该企业材料入库及结转材料成本差异采用逐笔结转）：

(1) 购入甲材料一批，增值税专用发票上注明的买价为 30 000 元，支付增值税为 5 100 元。企业开出面额为 35 100 元的商业承兑汇票，付款期为一个月，材料尚未到达。

(2) 上述材料到达，验收入库，计划成本为 32 000 元。

(3) 上述票据到期，企业按期支付票款。

(4) 企业购入乙材料一批，增值税专用发票上注明的买价为 75 000 元，增值税为 12 750 元，材料已验收入库，货款尚未支付。另外用银行存款支付运杂费、保险费等费用 500 元，乙材料的计划成本为 76 000 元。

(5) 购入丙材料一批，增值税专用发票上注明的买价为 25 000 元，增值税为 4 250 元，材料尚未到达，货款已经支付。

(6) 上述丙材料验收入库，计划成本为 24 500 元。

(7) 本月领用甲、乙、丙三种原材料，计划成本共计 45 000 元，其中生产领用 30 000 元，管理部门领用 10 000 元，车间一般消耗领用 5 000 元。

【要求】

(1) 根据上述业务编制会计分录。

(2) 计算原材料成本差异率，编制领用材料时分摊材料成本差异的会计分录。

2. 某企业的包装物出租、出借采用净值摊销法摊销，包装物核算采用实际成本核算。2008 年发生下列业务：

(1) 2 月份出租包装物一批，领出新包装物 20 件，成本 2 000 元，收取押金 3 000 元，每月每件包装物租金 30 元，在退回包装物时从押金中扣回。

(2) 本批包装物的摊销率为 50%，2 月份按规定办法计提摊销额。

(3) 3 月份按规定办法计提摊销额。

(4) 4 月份包装物收回，其中 10 件可继续使用，8 件已损坏（残料估价 80 元，原材料已入库），另 2 件丢失。

(5) 按规定租金标准收取 2 个月的租金，损坏和丢失的没收押金，其余的押金退回。

(6) 结转报废包装物的账面成本。

【要求】 根据上述资料，编制有关会计分录。

3. 甲公司是一般纳税人，2008 年 5～6 月发生如下经济业务：

(1) 5 月 1 日，甲公司自乙公司以银行存款方式购入 A 材料，总量为 100t，每吨单位为 12 万元，增值税税率为 17%，另支付运费 5 万元（按运费的 7%计算待抵的进项税额），装卸费 3 万元，保险费 6 万元，运输途中共损耗 40t，其中，5t 为合理损耗，35t 是运输单位丙公司责任所致，为简化核算，运杂费全部由合格品来负担，不再分配认定非合理损耗部分所承担的份额。

(2) 5 月 5 日，甲公司将 A 材料全部发给丙公司用于加工制造为 B 材料，加工费用为 106.35 万元，增值税税率为 17%，消费税税率为 10%。相关款项均以银行存款方式结算完毕。B 材料于 5 月 15 日验收入库。

(3) 5 月 31 日，经过对 B 材料的再加工，在垫付了 60 万元后，完工产出 C

商品 40 件。此时，该商品的市场售价为单件 25 万元，消费税税率 15%，增值税税率 17%，预计每件 C 商品的销售需垫付 0.9 万元的销售费用。假定 C 商品未提取过减值准备。

(4) 6 月 10 日甲公司将所有完工的 C 商品用于对丁公司的投资。

(5) 计算应交消费税额。

【要求】 根据以上资料作出相应的账务处理。

4. 甲公司委托乙公司加工材料一批（属于应税消费品）。发出材料的计划成本为 20 000 元，当月材料成本差异率为 1%。委托加工材料的消费税税率为 10%，双方增值税税率均为 17%，以银行存款支付加工费 5 000 元，加工收回的材料直接对外销售。

【要求】 编制甲公司委托加工材料的有关会计分录。

5. 某工业企业为增值税一般纳税企业，增值税税率为 17%，消费税税率为 10%，库存材料按实际成本核算，销售收入均不含增值税。该企业 2008 年 5 月份发生如下业务：

(1) 工程领用本企业生产的应缴消费税产品，该产品成本为 500 万元，计税价格为 700 万元。

(2) 收回上月发出的委托加工材料并验收入库，上月发出原材料的实际成本为 195 万元。本月以银行存款支付受托加工企业代扣代缴的消费税 5 万元、加工费 50 万元。收回委托加工材料用于本企业生产应缴消费税产品。

【要求】 根据上述资料，编制有关分录（答案中金额单位用万元表示）。

第四章　投　　资

一、单项选择题

1. 企业购入交易性金融资产时垫付的已经宣告发放而尚未支取的股利，应借记的账户为（　）。

A. 其他应收款　　B. 应收股利

C. 应收利息　　D. 交易性金融资产

2. 企业购入交易性金融资产时，收到的非垫付的股利应贷记的账户为（　）。

A. 投资收益　　B. 应收股利

C. 交易性金融资产　　D. 财务费用

3. 企业购入交易性金融资产时支付的税金、手续费和印花税应借记的账户为（　）。

A. 财务费用　　B. 投资收益

C. 管理费用　　D. 交易性金融资产

4. 企业购入可供出售金融资产时支付的税金、手续费和印花税应借记的账户为（　　）。

A. 财务费用　　B. 投资收益

C. 管理费用　　D. 可供出售金融资产

5. 资产负债表日可供出售金融资产的公允价值高于其账面余额的差额，应贷记的账户为（　　）。

A. 公允价值变动损益　　B. 资本公积

C. 投资收益　　D. 营业外收入

6. 资产负债表日交易性金融资产的公允价值低于其账面余额的差额，应借记的账户为（　　）。

A. 公允价值变动损益　　B. 资本公积

C. 投资收益　　D. 营业外收入

7. 处置投资性房地产获得的收入应贷记的账户为（　　）。

A. 其他业务收入　　B. 资本公积

C. 投资收益　　D. 营业外收入

8. 自用房地产转换为采用公允价值模式计量的投资性房地产时，转换当日的公允价值大于原账面价值的，其差额应贷记的账户为（ ）。

A. 公允价值变动损益　　B. 资本公积

C. 投资收益　　D. 营业外收入

9. 采用公允价值模式计量的投资性房地产，资产负债表日公允价值大于原账面价值的差额应贷记的账户为（ ）。

A. 公允价值变动损益　　B. 资本公积

C. 投资收益　　D. 营业外收入

10. 采用权益法核算的长期股权投资，当接受投资方资本公积增加时，投资方应贷记的账户为（ ）。

A. 公允价值变动损益　　B. 资本公积

C. 投资收益　　D. 营业外收入

二、多项选择题

1. 下列业务中，采用权益法核算长期股权投资的企业不需要调整“长期股权投资”账户的有（ ）。

A. 被投资单位年末实现净利

B. 被投资单位资产负债表日可供出售金融资产的公允价值高于其账面余额

C. 被投资单位提取盈余公积

D. 被投资单位用盈余公积转增资本

2. 长期股权投资成本法的适用范围是（ ）。

A. 投资企业能够对被投资单位实施控制的长期股权投资

B. 投资企业能够对被投资单位具有共同控制或重大影响的长期股权投资

C. 投资企业对被投资单位不具有共同控制或重大影响，并且在活跃市场中没有报价、公允价值不能可靠计量的长期股权投资

D. 投资企业能够对被投资单位不能实施控制的长期股权投资

3. 采用成本法核算长期股权投资的企业，当被投资单位宣告发放现金股利时，应贷记的账户可能有（ ）。

A. 投资收益　　B. 长期股权投资

C. 应收股利　　D. 资本公积

4. 下列项目中，在资产负债表日应按公允价值计价的有（ ）。

A. 交易性金融资产　　B. 可供出售金融资产

C. 持有至到期投资　　D. 长期股权投资

5. 持有至到期投资的特点包括（ ）。

A. 到期日固定　　B. 回收金额固定或可确定

C. 企业有明确意图持有至到期　　D. 企业有能力持有至到期

6. 下列项目中，属于投资性房地产的有（　　）。

A. 已出租的土地使用权　　B. 持有并准备增值后转让的土地使用权

C. 持有并准备增值后转让的建筑物　　D. 已出租的建筑物

7. 采用公允价值模式计量的投资性房地产，其会计处理原则包括（　　）。

A. 提取折旧或进行摊销

B. 资产负债表日按公允价值为基础调整账面价值，差额计入当期损益

C. 不提取折旧或进行摊销

D. 资产负债表日按公允价值为基础调整账面价值，差额计入资本公积

8. 关于投资性房地产的下列叙述中，不正确的有（　　）。

A. 公允价值模式不得转换为成本模式

B. 成本模式转换成公允价值模式时，视作会计政策变更，调整期初未分配利润和盈余公积

C. 在公允价值模式下投资性房地产转换为其他资产时，应以转换当日的公允价值作为自用房地产的账面价值，差额计入资本公积

D. 自用房地产转换为采用公允价值模式计量的投资性房地产时，该项投资性房地产按照转换当日的公允价值计量，转换当日的公允价值与原账面价值的差额计入“公允价值变动损益”账户

9. 成本法转为权益法的原因包括（　　）。

A. 因处置投资导致对被投资单位的影响能力由控制转为共同控制或重大影响

B. 原持有的对被投资单位不具有控制、共同控制或重大影响、在活跃市场中没有报价、公允价值不能可靠计量的长期股权投资，因追加投资导致对被投资单位施加共同控制或重大影响

C. 因追加投资导致持股比例上升，原对联营企业或合营企业的投资转变为对子公司投资的

D. 因收回投资导致持股比例下降，原对联营企业或合营企业的投资转变为对被投资单位不具有控制、共同控制或重大影响、在活跃市场中没有报价、公允价值不能可靠计量的长期股权投资

10. 长期股权投资的后续计量方法包括（　　）。

A. 成本模式　　B. 公允价值模式

C. 成本法　　D. 权益法

三、判断题

1. 如果投资企业的持股比例小于 20%，则一定要采用成本法进行核算。（　　）

2. 采用成本法核算长期股权投资时，当被投资单位宣告发放股利时，投资企业应贷记“投资收益”账户。（　　）

3. 长期股权投资的初始投资成本小于投资时应享有被投资单位可辨认净资产公允价值份额的，该部分差额应记入“营业外收入”账户的贷方。（　　）

4. 当被投资单位用资本公积转增资本时，投资企业应调整“长期股权投资”账户的金额。（　　）

5. 对于到期一次性还本付息的债券，投资企业在计息时，应借记的账户为“应收利息”。（　　）

6. 可供出售金融资产是以公允价值计量且其变动计入当期损益的一种。（　　）

7. 采用公允价值模式计量的投资性房地产转换为自用房地产时，应当以转换当日的公允价值作为自用房地产的账面价值，公允价值与原账面价值的差额应计入当期损益。（　　）

8. 因追加投资导致成本法转为权益法的，原取得投资时，原投资成本小于原享有的可辨认净资产公允价值的份额，一方面调整长期股权投资的账面价值，一方面调整营业外收入。（　　）

9. 持有至到期投资减值准备一经提取不得转回。（　　）

10. 企业购入可供出售金融资产时支付的税金、手续费和印花税应借记“投资收益”账户。（　　）

四、计算与会计处理题

1. 资料：2007 年 1 月 5 日金利公司购入源益公司股票 1 500 股，买价 18 元/股，另支付已宣告发放尚未支付的股利 0.5 元/股，佣金、手续费和印花税 600 元，银付。金利公司将其划分为交易性金融资产。

2007 年 2 月 10 日，金利公司收到已宣告发放尚未支付的股利 750 元。

2007 年 5 月 18 日，金利公司收到非垫付的股利 0.8 元/股，计 1 200 元。

2007 年 6 月 30 日，该股票的市价为 20 元/股，公允价值为 30 000 元。

2007 年 12 月 31 日，该股票的市价为 12 元/股，公允价值为 18 000 元。

2008 年 3 月 9 日，金利公司将该股票全部出售，售价 16 元/股，支付佣金、手续费和印花税 400 元。

【要求】编制金利公司有关会计分录。

2. 资料：2007 年 1 月 6 日蓝带公司购入万吉公司债券，该债券于 2006 年 7 月 6 日发行，面值为 150 万元，票面利率为 6%，债券利息按年支付。蓝带公司将其划分为交易性金融资产，支付价款 160 万元（其中包含已宣告发放的债券利息 4.5 万元），另支付交易费用 0.6 万元，银付。

2007 年 2 月 8 日，蓝带公司收到垫付的利息 4.5 万元。

2007 年 6 月 30 日，该笔债券的市价为 145 万元。

2007 年 12 月 31 日，该笔债券的市价为 170 万元。

2007 年 12 月 31 日，对该债券计息 9 万元。

2008 年 1 月 10 日，收到债券利息 9 万元。

2008 年 2 月 9 日，蓝带公司出售该债券，售价为 175 万元。

【要求】 编制蓝带公司的有关会计分录。

3. 资料：甲公司于 2007 年 1 月 1 日以存款 10.35 万元购入 B 公司发行的五年期债券，面值为 10.35 万元，票面利率为 4%，市场利率为 4%。该债券每年末付息、到期还本。甲公司对该债券每年末计息一次。

【要求】

(1) 编制甲公司购入债券、计息和到期收回本息的会计分录。

(2) 假设本题资料中，债券的票面利率为 6%，市场利率为 4%，买价为 11.271 2 万元，其余不变，要求编制甲公司购入债券、计息和到期收回本息的会计分录（已知甲公司采用实际利率法摊销溢价）。

(3) 假设本题资料中，债券的票面利率为 2%，市场利率为 4%，买价为 9.428 2 万元，其余不变，要求编制甲公司购入债券、计息和到期收回本息的会计分录（已知甲公司采用实际利率法摊销折价）。

4. 资料：甲公司于 2006 年 1 月 1 日按照面值购入乙公司发行的可转换公司债券，面值总额 80 万元，票面利率为 3%，期限为 3 年。2007 年 6 月 1 日甲公司按照约定将该债券全部转换为乙公司的普通股，已知每 40 元债券可转换为 B 公司的普通股 10 股，股票面值 1 元/股，市价为 5 元/股。另外已知甲公司对持有的该债券每年末计息一次。

【要求】 编制甲公司有关会计分录。

5. 资料：甲企业 2006 年 1 月 1 日购入乙公司的长期股票，初始投资成本为 68.4 万元，甲企业投资时持股比例为 15%，采用成本法核算。乙公司 2006 年 4 月 2 日宣告分配 2005 年度的现金股利 57 万元。已知乙公司 2006 年 1 月 1 日所有者权益合计为 285 万元，其中股本 171 万元，未分配利润 114 万元。2006 年乙公司实现净利 133 万元。2007 年 4 月 2 日乙公司又宣告分配 2006 年度的现金股利 95 万元。

【要求】

(1) 编制甲企业的有关会计分录。

(2) 假设资料 5 中，乙公司 2007 年 4 月 2 日宣告分配 2006 年度的现金股利 142.5 万元，其余不变。编制甲企业 2007 年 4 月 2 日的会计分录。

(3) 假设资料 5 中，乙公司 2007 年 4 月 2 日宣告分配 2006 年度的现金股利

68.4 万元，其余不变。编制甲企业 2007 年 4 月 2 日的会计分录。

6. 资料：甲企业 2006 年 3 月 1 日对乙公司投资，投资成本为 49.5 万元，持股比例为 12%，成本法核算。2006 年乙公司净利 198 万元。2006 年 9 月 5 日乙公司宣告发放 2005 年度的现金股利 99 万元，2007 年 3 月 5 日乙公司宣告以 3 月 1 日为基准日发放 2006 年度的现金股利 156.75 万元。另外已知 2007 年乙公司净利为 297 万元。

【要求】编制甲企业有关会计分录。

7. 资料：A 公司于 2007 年 1 月 1 日以 250 万元对 B 公司投资，持股比例为 30%，采用权益法核算。已知 A 企业投资时，B 公司可辨认净资产的公允价值为 860 万元，账面价值为 830 万元；B 公司固定资产的公允价值为 150 万元，账面价值为 120 万元。B 公司原来预计的该固定资产的使用年限为 15 年，A 公司取得投资后该固定资产的剩余使用年限为 10 年。另外已知该固定资产的净残值为 0，按照直线法提折旧。投资时被投资单位各项资产的公允价值与账面价值的差额具有重要性。2007 年 12 月 31 日 B 公司全年实现净利 180 万元，2008 年 3 月 1 日 B 公司宣告分派现金股利 160 万元，2008 年 12 月 31 日 B 公司全年发生净亏 920 万元，2009 年 12 月 31 日 B 公司全年实现净利 140 万元。

【要求】编制 A 公司有关会计分录。

8. 资料：2007 年 12 月 10 日 A 公司对 B 公司投资 400 万元，持股比例为 30%，权益法核算。投资时 B 公司可辨认净资产的公允价值与账面价值一致，都为 1 500 万元。

2008 年 10 月，B 公司可供出售金融资产的公允价值增加了 25 万元。

2008 年 12 月，B 公司全年净利 1 200 万元。

2009 年 3 月，A 公司将该股权出售，售价 950 万元。

【要求】编制 A 公司有关会计分录。

9. 资料：A 公司 2006 年 1 月 1 日取得 B 公司 10%的股权，成本为 600 万元，取得时 B 公司可辨认净资产公允价值总额为 5 600 万元（公允价值与账面价值相同），因对 B 公司不具有重大影响且无法可靠确定该投资公允价值，A 公司采用成本法核算。

2007 年 4 月 10 日，A 公司又以 1 200 万元的价格取得 B 公司 12%的股权，当日 B 公司可辨认净资产公允价值总额为 8 000 万元。取得该股权后，A 公司对 B 可产生重大影响，改权益法核算。已知 A 公司在取得 B 公司 10%的股权后，B 公司实现净利 600 万元，假定 B 未进行利润分配，除净损益外，未发生其他记入资本公积的交易或事项。

【要求】编制 A 公司有关会计分录。

10. 资料：A 公司 2006 年 1 月 1 日取得 B 公司 10%的股权，成本为 600 万元，取得时B公司可辨认净资产公允价值总额为7 200万元（假定公允价值与账面价值相同），因对B公司不具有重大影响且无法可靠确定该投资公允价值，A公司采用成本法核算。

2007年4月8日，A公司又以1 750万元的价格取得B公司20%的股权，当日B公司可辨认净资产公允价值总额为9 000万元。取得该股权后，A公司对B可产生重大影响，改权益法核算。已知A公司在取得B公司10%的股权后，B公司实现净利1500万元，假定B未进行利润分配，除净损益外，未发生其他记入资本公积的交易或事项。A公司按净利润的10%提取盈余公积。

【要求】编制A公司有关会计分录。

11. 资料：A公司原持有B公司60%的股权，其账面余额为6 000万元，未计提减值准备。

2006年12月5日，A公司将其持有的B公司20%的股权出售给某公司，售价3 600万元，当日被投资单位B公司可辨认净资产公允价值总额为16 000万元。A公司原取得B公司60%股权时，B公司可辨认净资产公允价值总额为9 000万元（假定其公允价值与账面价值相同）。

自取得B公司投资后至出售投资前，B公司实现净利3 000万元。假定B未进行利润分配，除净损益外，未发生其他记入资本公积的交易或事项。A公司按净利润的10%提取盈余公积。

【要求】编制A公司有关会计分录。

12. 资料：A公司于2007年7月8日购入B公司股票100万股，市价7元/股，手续费0.5万元；公司将其划分为可供出售金融资产核算。

2007年12月31日，公司仍持有该股票，市价为9.5元/股。

2008年2月10日，A公司将股票售出，售价为12元/股，另支付交易费用0.8万元。

【要求】编制A公司有关会计分录。

13. 资料：2007年4月5日，甲公司支付价款785万元（含交易费用0.6万元和已宣告发放现金股利5万元），购入乙公司发行的股票150万股，占乙公司有表决权股份的1%。甲公司将其划分为可供出售金融资产。

2007年4月25日，甲公司收到乙公司发放的现金股利5万元。

2007年6月30日，该股票市价为6.2元/股。

2007年12月31日，该股票市价为4.8元/股。

2008年4月10日，乙公司宣告发放现金股利900万元。

2008年5月18日，甲公司收到乙公司发放的现金股利。

2008年6月8日，甲公司以5.8元/股的价格将股票全部转让。

【要求】编制甲公司有关会计分录。

14. 资料：甲公司 2007 年 2 月 15 日购买丙公司普通股，买价为 250 万元。因为甲公司持有该股票的时间长短并不确定，所以将其归入可供出售金融资产核算。2007 年 12 月 31 日由于整个市场的股价下跌，该股票的市场价值为 185 万元，但此时丙公司的财务状况依然很好，甲公司判断股票投资发生暂时性减值，打算继续持有。2008 年 12 月 31 日丙公司丢失了与一个重要制造商的合约，并宣布无法支付 2007 年的股利，甲公司判断该股票投资发生了持续性减值，已知 2008 年 12 月 31 日该股票的市场价值为 170 万元。2009 年 12 月 31 日，该股票的市场价格上升到 260 万元。

【要求】编制甲公司有关会计分录。

15. 资料：A 公司 2007 年 1 月 1 日用 8 000 万元购入写字楼，同时出租，作为投资性房地产核算，采用公允价值模式计量。

2007 年 6 月 30 日，该楼的公允价值为 12 000 万元。

2007 年 7 月 15 日，该公司将该写字楼出售给 B 公司，售价 12 500 万元，银收。

【要求】编制 A 公司有关会计分录。

16. 资料：A 公司将作为投资性房地产核算的写字楼出售给 B 公司，售价 1 000万元，银收。该写字楼原采用成本模式计量。出售时，该楼的原值为 850 万元，已提折旧 240 万元。

【要求】编制 A 公司有关会计分录。

17. 资料：A 公司将一幢自用办公楼作为投资性房地产对外出租。该楼的原值为 9 000 万元，已计提折旧 1 200 万元，提取固定资产减值准备 200 万元。转换当日，其公允价值为 8 400 万元。采用公允价值模式计量。

【要求】编制 A 公司有关会计分录。

18. 资料：A 公司 2007 年 1 月 1 日外购投资性房地产（仓库）的同时对外出租，该仓库的买价为 1 400 万元，相关税费 1 万元。该投资性房地产采用公允价值计量。2007 年 12 月 31 日，该仓库的公允价值为 1 520 万元。2008 年 12 月 31 日，该仓库的公允价值为 1 350 万元。

【要求】编制 A 公司有关会计分录。

19. 资料：A 公司 2007 年 1 月 1 日将拥有的一幢写字楼对外出租，并采用公允价值模式计量。租期 3 年，每年末收取租金 150 万元，出租时，该楼的成本为 2 800 万元，已提折旧 500 万元，已提减值准备 300 万元，尚可使用 20 年，公允价值为 1 800 万元。

2007 年 12 月 31 日，该楼的公允价值为 1 850 万元。

2008 年 12 月 31 日，该楼的公允价值为 1 820 万元。

2009 年 12 月 31 日，该楼的公允价值为 1 780 万元。

2010 年 1 月 5 日，公司将该写字楼出售给 B 公司，售价 1 800 万元，银收。

【要求】编制 A 公司有关会计分录。

20. 资料：A 房地产公司 2007 年 1 月 1 日将自己建造的一幢写字楼对外出租，采用公允价值模式计量。租期 3 年，每年末收取租金 100 万元，出租时，该楼的成本为 2 000 万元，公允价值为 2 200 万元。

2007 年 12 月 31 日，该楼的公允价值为 2 150 万元。

2008 年 12 月 31 日，该楼的公允价值为 2 120 万元。

2009 年 12 月 31 日，该楼的公允价值为 2 050 万元。

2010 年 1 月 5 日，公司将该写字楼出售给 B 公司，售价 2 080 万元，银收。

【要求】编制 A 公司有关会计分录。

21. 资料：A 公司 2007 年 1 月 10 日将采用公允价值模式计量的投资性房地产转为行政管理部门使用。该建筑物 2006 年 12 月 31 日的公允价值为 2 000 万元（成本 1 900 万元，公允价值变动 100 万元）。2007 年 1 月 31 日的公允价值为 2 070 万元，转换日该建筑物尚可使用 15 年，采用平均年限法提折旧，无残值。

【要求】

（1）编制 A 公司 2007 年 1 月 31 日将投资性房地产转为自用的会计分录。

（2）编制 A 公司 2007 年计提折旧的会计分录。

第五章　固 定 资 产

一、单项选择题

1. A 公司购买一项固定资产，分 3 年于每年年末平均支付货款，则下列说法中正确的是（　　）。

A. 固定资产的成本以实际支付的价款确定

B. 固定资产的成本以实际支付价款的现值确定

C. 固定资产的成本以实际支付的价款分期确定

D. 固定资产的成本以实际支付价款的现值分期确定

2. 购入固定资产支付的增值税进项税应计入（　　）。

A. 固定资产原价　　B. 应交税费——应交增值税

C. 管理费用　　D. 制造费用

3. 某企业为增值税一般纳税人，2007 年 1 月 1 日自行建造厂房。购建过程中，耗用原材料（不含税）500 000 元，增值税税率为 17%，支付人工费用 114 000元，支付耕地占用税 12 000 元，。该厂房于 2007 年 6 月 30 日达到预定可使用状态，则该厂房的原始价值为（　　）。

A. 711 000 元　　B. 614 000 元

C. 611 000 元　　D. 626 000 元

4. 某生产车间 5 月份计提固定资产折旧 15 000 元。6 月份增加固定资产一项，应提折旧 5 000 元，减少一项固定资产，应提折旧 4 000 元。6 月份该车间应计提固定资产折旧（　　）。

A. 19 000 元　　B. 2 000 元

C. 11 000 元　　D. 16 000 元

5. 甲公司 2007 年 12 月 25 日购入一台设备，价值 300 万元，预计使用 5 年，预计净残值为零，按照年限平均法计提折旧。2009 年 12 月 15 日根据需要对该生产线进行改造，改造过程中发生工程支出 50 万元，改造工作于 2010 年 6 月 25 日完成。改造之后该设备尚可使用 5 年，折旧方法和净残值不变，则该企业 2010 年就该设备应计提的折旧额为（　　）万元。

A. 60　　B. 70

C. 46　　D. 23

6. 企业管理部门使用的固定资产发生的下列支出中，属于收益性支出的是（　　）。

A. 购入时发生的保险费　　B. 购入时发生的运费

C. 发生的日常修理费用　　D. 购入时发生的安装费用

7. 2007 年 12 月 31 日甲公司进行盘点，发现有一台使用中的设备未入账，该设备市场价格为 800 万元，九成新，达到当年固定资产账面价值的 10%以上。经过批准处理后，其正确的会计处理方法是（　　）。

A. 贷记“待处理财产损溢”科目 800 万元

B. 贷记“营业外收入”科目 720 万元

C. 贷记“待处理财产损溢”科目 720 万元

D. 贷记“以前年度损益调整”科目 720 万元

8. A 公司于 2007 年 7 月 1 日购入了甲、乙、丙三套不同型号的机器设备，共支付货款 6 000 000 元，增值税税额 1 020 000 元，运输保险费 50 000 元。三台设备均符合固定资产定义及确认条件，不需要安装，公允价值分别为2 880 000元、3 600 000元、720 000 元。不考虑其他因素，甲设备入账价值为（　　）。

A. 2 828 000　　B. 2 400 000

C. 2 808 000　　D. 2 880 000

9. 企业收到税务机关退还的与所购买固定资产相关的增值税款，应当（　　）。

A. 冲减应交税费　　B. 计入补贴收入

C. 冲减固定资产的成本　　D. 计入营业外收入

10. 企业经营租出的固定资产计提的折旧应计入（　　）科目。

A. 管理费用　　B. 营业费用

C. 制造费用　　D. 其他业务成本

二、多项选择题

1. 不满足固定资产确认条件的固定资产大修理支出，可能计入的会计科目有（　　）。

A. 长期待摊费用　　B. 管理费用

C. 制造费用　　D. 销售费用

2. 以下说法正确的有（　　）。

A. 企业当月增加的固定资产，当月不提折旧，从下月起计提折旧

B. 企业当月减少的固定资产，从当月起不提折旧

C. 固定资产提足折旧后，不再计提折旧

D. 提前报废的固定资产，应一次补提折旧

3. 在下列各项支出中，应计入固定资产成本的有（　　）。

A. 购置固定资产时支付的增值税

B. 购进固定资产的运杂费

C. 为建造固定资产而发行债券的手续费

D. 固定资产的日常修理费

4. 下列项目应计入自营基建项目工程成本的有（ ）。

A. 完工后盘盈、盘亏、报废、毁损的工程物资的净收益或净损失

B. 完工前盘盈、盘亏、报废、毁损的工程物资的净收益或净损失

C. 工程完工后发生的工程物资处置净收益

D. 工程人员的相关人工费用支出

5. 当发现存在下列（ ）情况，企业应当计算固定资产的可收回金额，以确定资产是否发生减值。

A. 固定资产市价大幅度下跌，其跌幅大大高于因时间推移或正常使用而预计的下跌，并且预计在近期内不可能恢复

B. 企业所处经营环境，如技术、市场、经济或法律环境，或者产品营销市场在当期发生或在近期发生重大变化，并对企业产生负面影响

C. 同期利率等大幅度降低，进而很可能影响企业计算固定资产的可收回金额的折现率

D. 固定资产陈旧过时或发生实体损坏

E. 固定资产预计使用方式发生重大不利变化，如企业计划终止或重组该资产所属的经营业务、提前处置资产等情形，从而对企业产生负面影响

6. 下列有关固定资产的特征和确认条件的描述，正确的是（ ）。

A. 为生产商品、提供劳务、出租、出售或经营管理而持有

B. 使用寿命超过一个会计年度

C. 有形资产

D. 所有权属于企业

E. 成本能够可靠地计量

7. 下列哪些固定资产的折旧方法属于加速折旧法（ ）。

A. 平均年限法　　B. 工作量法

C. 双倍余额递减法　　D. 年数总和法

8. 下列固定资产中，应计提折旧的有（ ）。

A. 经营租赁方式租入的固定资产　　B. 经营租赁方式租出的固定资产

C. 大修理暂时停用的固定资产　　D. 提前报废的固定资产

E. 融资租赁租入的固定资产

9. “固定资产清理”账户借方核算的内容包括（ ）。

A. 发生的清理费用　　B. 转入清理的固定资产的净值

C. 发生的清理收入　　　　　　　　D. 结转的固定资产清理净支出

10. 在确定固定资产预计使用寿命时，应根据企业自身的具体情况，考虑以下（　　）因素确定。

A. 固定资产的预计生产能力或实物产量

B. 固定资产的有形损耗

C. 固定资产的无形损耗

D. 有关固定资产使用的法律或类似的限制

三、判断题

1. 企业减少的固定资产，均应通过“固定资产清理”科目进行核算。（　　）

2. 企业出租的固定资产由于是其他单位在用，因此企业不应计提折旧，而是由使用单位计提折旧。（　　）

3. 固定资产的预计净残值，是指假定固定资产预计使用寿命已满并处于使用寿命终了时的预期状态，企业从该项资产处置中获得的扣除预计处置费用后的金额。（　　）

4. 固定资产的折旧方法中，双倍余额递减和年数总和法均是在固定资产使用的前期计提折旧多，后期计提折旧少，这两种计提折旧的方法更符合配比原则。（　　）

5. 企业固定资产的后续支出，如果该支出增强了固定资产获取未来经济利益的能力，或者是为保证固定资产的正常使用而发生，应当予以资本化。（　　）

6. 从本质上说，折旧也是一种费用，只不过这一费用没有在计提期间付出实实在在的货币资金，但这种费用是前期已经发生的支出。（　　）

7. 融资租入的固定资产，应当采用与自有应计折旧固定资产一致的折旧政策。（　　）

8. 已达到预定可使用状态的固定资产，如果尚未办理竣工决算的，不能计提折旧；待办理了竣工决算手续后，再按照实际成本计提折旧额。（　　）

9. 企业在财产清查中盘盈或盘亏的固定资产，均应作前期差错处理。（　　）

10. 固定资产的折旧方法、预计使用年限和预计净残值率一旦确定，就不得变更。（　　）

四、计算与会计处理题

1. 某公司本期有关固定资产增减变动的情况如下（企业所得税税率为25%）：

（1）购入一台需安装设备，买价300 000元，增值税51 000元，另支付运杂费20 000元。在该设备的安装过程中，领用生产用原材料10 000元（不含税），领用生产的产品成本为 10 000 元，计税价格为 10 000 元。增值税税率 17%，领用工程用物资 5 000 元，安装过程应负担安装人员工资费用 1 000 元。安装完毕交付生产使用。

（2）接受某单位投资的需安装设备一台。原单位账面价 150 000 元，已提折旧30 000元；经评估，该设备的原价为 200 000 元，净值为 170 000 元，以评估价作为协议约定价值。设备运至公司后另行支付安装调试费 10 000 元，设备交付使用。

（3）以出包方式对厂部办公楼进行改扩建，该办公楼账面原值为 50 000 000 元，账面净值为 35 000 000 元；开工时预付工程价款 300 000 元；改扩建过程中取得变价净收入50 000元；工程完工后，补付工程价款 500 000 元；改扩建增加了该办公楼的预计尚可使用寿命；办公楼当即交付使用。

（4）出售一栋不需用的自用房屋建筑物，原价 850 000 元，已提折旧 200 000元。出售得款 800 000 元，支付过户手续费等费用 3 000 元，另销售不动产需按收入的 5%计交营业税。

（5）企业投资转出生产设备一台，该设备账面原值 1 000 000 元，已提折旧 200 000元，已提固定资产减值准备 50 000 元，投资作价 720 000 元，持股比例为 25%。

【要求】根据以上业务编制有关会计分录。

2. 企业在财产清查中，发现以下固定资产盘盈盘亏事项：

（1）盘亏生产设备一台，账面原值 100 000 元，已提折旧 90 000 元，报经批准予以转销。

（2）发现未入账设备一台，重置完全价值为 50 000 元，估计该设备九成新。

【要求】根据以上业务编制有关会计分录。

3. 企业有一项固定资产，其原价为 120 000 元，预计净残值为 6 000 元，预计使用年限为 5 年。

【要求】分别按照平均年限法、年数总和法、双倍余额递减法计算每年应计提的折旧数额。

4. 甲公司 2007 年 1 月 1 日从乙公司购入 M 机器作为固定资产使用，该机器已收到。购货合同约定，M 机器的总价款为 10 000 000 元，分 3 年支付；2007 年 12 月 31 日支付4 000 000元，2008 年 12 月 31 日支付 3 000 000 元，2009 年 12 月 31 日支付3 000 000元。假定折现率为 10%。2007 年 1 月 1 日 M 机器如期运至甲公司，发生运杂费 50 000 元，用银行存款支付。2007 年 12 月 31 日，设备达到预定可使用状态，发生安装费 30 000 元，用银行存款支付。

【要求】除固定资产计提折旧外，进行甲公司于 2007 年 1 月 1 日、2007 年 12 月 31 日、2008 年 12 月 31 日、2009 年 12 月 31 日的相关会计处理。

5. 某股份有限公司是一生产企业，有关业务资料如下：

(1) 2006 年 12 月 25 日购置一台不需要安装的机器设备，价款 8 000 000 元（含增值税），企业开出并承兑一张商业汇票支付有关款项。

(2) 在考虑相关因素的基础上，公司预计该设备的使用期限和净残值始终分别为 8 年和 400 000 元，采用年限平均法按年度计提折旧。

(3) 2009 年 12 月 31 日，公司在进行检查时发现，该设备可能发生减值，现时的销售净价 4 200 000 元，预计未来五年持续使用和最终处置可收回现金的现值合计4 400 000元。

(4) 2012 年 12 月 31 日，公司在进行检查时发现，以前期间据以计提固定资产减值的因素发生变化，对公司产生有利影响，目前市场上该类设备的销售净价为 3 000 000 元，预计未来三年持续使用和最终处置可收回现金的现值合计3 200 000元。

(5) 假设整个过程不考虑其他相关税费；该设备在 2009 年 12 月 31 日以前没有计提固定资产减值准备；该设备一直采用年限平均法计提折旧；预计净残值始终为 400 000 元；预计使用寿命没有发生变更；为简化计算过程，假定公司按年度计提固定资产折旧。

【要求】根据上述业务，编制有关会计分录。

第六章　无 形 资 产

一、单项选择题

1. 下列不属于的无形资产是（　　）。

A. 专利权　　　　　　　　B. 商标权

C. 商誉　　　　　　　　　D. 土地使用权

2. 企业取得某项无形资产，法律规定的有效期限为 8 年，合同规定的受益年限为 7 年，该项无形资产应按（　　）确定使用寿命。

A. 8 年　　　　　　　　　B. 7 年

C. 不少于 10 年　　　　　D. 不多于 10 年

3. 企业的某项无形资产，法律没有规定有效期限，无形资产为企业带来经济利益的期限也无法合理确定，则该项无形资产应按（　　）进行处理。

A. 不超过 10 年分期摊销　　B. 每个会计期间进行减值测试

C. 不少于 10 年分期摊销　　D. 不需作处理

4. 下列有关无形资产转让的会计处理中，正确的是（　　）。

A. 转让无形资产使用权所取得的收入应计入营业外收入

B. 转让无形资产所有权所取得的收入应计入其他业务收入

C. 转让无形资产所有权所发生的支出应计入其他业务成本

D. 转让无形资产使用权所发生的支出应计入其他业务成本

5. 某股份有限公司于 2010 年 7 月 1 日，以 50 万元的价格转让一项无形资产的所有权，同时发生相关税费 2.5 万元。该无形资产系 2007 年 1 月 1 日购入并投入使用，其初始入账价值为 100 万元，预计受益年限为 5 年，法律规定的有效年限为 8 年，则转让该无形资产应计入“营业外收入”的金额为（　　）万元。

A. 50　　　　　　　　　　B. 17.5

C. 30　　　　　　　　　　D. 3.75

6. 下列有关无形资产的会计处理方法不正确的是（　　）。

A. 企业取得的土地使用权通常应确认为无形资产，土地使用权用于自行开发建造厂房等地上建筑物时，土地使用权应一次转入在建工程中

B. 房地产开发企业取得的土地使用权，用于建造对外出售的房屋建筑物，相关的土地使用权应当计入所建造的房屋建筑物成本

C. 企业外购房屋建筑物所支付的价款，应当在地上建筑物与土地使用权之间进行分配，难以合理分配的应当全部作为固定资产处理

D. 企业改变土地使用权的用途，停止自用土地使用权而用于赚取租金或资本增值时，应将其账面价值转为投资性房地产

7. 企业用于出租的无形资产，其每期摊销额应计入（　　）科目。

A. 管理费用　　B. 其他业务成本

C. 营业外支出　　D. 财务费用

8. 某企业 2007 年 1 月 1 日获得一项无形资产，入账价值为 72 万元，预计受益年限为 9 年，法律规定有效使用年限为 10 年，2009 年 12 月 31 日经检查该无形资产的可收回金额为 45 万元，应提取减值准备为（　　）元。

A. 5.4　　B. 3

C. 0　　D. 2

9. 企业出租无形资产取得收入应当计入（　　）。

A. 主营业务收入　　B. 其他业务收入

C. 投资收益　　D. 营业外收入

10. 下列有关无形资产内部研究开发费用会计处理的表述中，错误的是（　　）。

A. 企业内部研究开发项目研究阶段的支出应当计入管理费用

B. 企业内部研究开发项目开发阶段的支出应当资本化

C. 如果无法区分研究阶段的支出和开发阶段的支出，应将发生的研发支出全部费用化

D. 内部研究开发无形资产达到预定用途后发生的支出，不构成无形资产成本

二、多项选择题

1. 下列关于无形资产的说法中，正确的有（　　）。

A. 同一控制下控股合并，合并方在合并日编制合并报表时，应当按被合并方无形资产的账面价值作为合并基础

B. 使用寿命有限的无形资产，其净残值一般应视为零

C. 使用寿命有限的无形资产，各期末也应进行减值测试

D. 在投资合同或协议约定价值不公允的情况下，接受投资的无形资产应按公允价值入账

2. 无形资产一般具有如下（　　）特征。

A. 不具有实物形态　　B. 属于非货币性资产

C. 具有可辨认性　　D. 在创造经济利益方面存在较大不确定性

E. 具有垄断性或独占性

3. 估计无形资产使用寿命应考虑的因素包括（ ）。

A. 资产通常的产品寿命周期，以及可获得的类似资产使用寿命的信息

B. 技术、工艺等方面的现实情况及对未来发展的估计

C. 以该资产生产的产品或服务的市场需求情况

D. 现在或潜在的竞争者预期采取的行动

E. 为维持该资产产生未来经济利益的能力预期的维护支出及企业预计支付有关支出的能力

4. 有关无形资产的摊销，以下说法正确的有（ ）。

A. 无形资产的应摊销金额为其成本扣除预计残值后的金额，已计提减值准备的无形资产还应扣除已计提的无形资产减值准备累计金额

B. 无形资产的摊销期自使用时开始至终止确认时止

C. 无形资产的摊销方法为直线摊销法

D. 无形资产的摊销只能计入当期损益

E. 无形资产的残值一般为零

5. 下列各项可以作为无形资产处理的有（ ）。

A. 自创商誉

B. 企业自行研发成功的专有技术

C. 企业经划拨无偿取得的土地使用权

D. 购入的一项专利技术

E. 购买另一企业支付的商誉

6. 以下（ ）表明企业的无形资产存在减值迹象。

A. 某项无形资产已被其他新技术所替代，使其为企业创造经济利益的能力受到重大不利影响

B. 某项无形资产的市价在当期大幅度下跌，并在剩余摊销年限内不会恢复

C. 某项无形资产已超过法律保护期限，但仍然具有部分使用价值

D. 同期银行利率大幅度降低，从而对其可收回金额产生较大影响

7. 当存在下列（ ）情况时，该项无形资产的账面价值全部转入当期损益。

A. 该项无形资产已被其他新技术等所替代，并且已无使用价值和转让价值

B. 该项无形资产已超过法律保护期限，并且已无使用价值和转让价值

C. 该无形资产的市价在当期大幅下跌，并在剩余摊销年限内可能不会回升

D. 该无形资产的市价在当期大幅下跌，但过了一段时间市价可能回升

E. 无形资产为企业创造经济利益的能力受到重大不利影响

8. 企业内部研究开发项目开发阶段的支出同时满足下列（ ）条件的，

才能确认为无形资产。

A. 完成该无形资产以使其能够使用或出售在技术上具有可行性

B. 具有完成该无形资产并使用或出售的意图

C. 无形资产能够为企业带来未来经济利益

D. 有足够的技术、财务资源和其他资源支持，以完成该无形资产的开发，并有能力使用或出售该无形资产

E. 归属于该无形资产开发阶段的支出能够可靠地计量

9. 下列条件符合无形资产可辨认性标准的是（　　）。

A. 能够从企业中分离出来

B. 能够单独或者与相关合同、资产或负债一起，用于出售、转移、授予许可、租赁或交换

C. 源自合同性权利或其他法定权利

D. 这些合同性权利等必须可以从企业或其他权利和义务中转移或者分离

10. 下列有关无形资产的说法中正确的有（　　）。

A. 投资者投入无形资产的成本，必须按照投资合同或协议约定的价值确定

B. 购买无形资产的价款超过正常信用条件延期支付，无形资产的成本也应以购买价款为基础确定

C. 无形资产的应摊销金额为其成本扣除预计残值后的金额；已计提减值准备的无形资产，还应扣除已计提的无形资产减值准备累计金额

D. 无形资产的使用寿命及摊销方法与以前估计不同的，应当改变摊销期限和摊销方法

三．判断题

1. 企业摊销无形资产时，应根据无形资产的使用部门不同分别计入“管理费用”、“销售费用”等不同的科目中。（　）

2. 企业自行研究开发专有技术，发生的有关研究开发费用，会计核算上一般将其全部列作当期费用处理，不作为无形资产核算。（　）

3. 无论无形资产的使用寿命是否确定，企业每年都需要对无形资产进行减值测试。（　　）

4. 企业原先通过行政划拨获得土地使用权，在将土地使用权有偿转让时，按规定补交的土地出让金应予以资本化，作为无形资产入账核算。（　）

5. 无形资产的残值均为零。（　）

6. 无形资产的后续支出，如大额的广告费用，由于其有助于提高企业商标权的价值，应在发生当期增加无形资产的账面价值。（　）

7. 只要是企业合并，均可能产生商誉。（　　）

8. 企业的商誉以及内部产生的品牌、报刊名等，由于其存在无法与企业自身分离，不具有可辨认性，不属于无形资产。（ ）

9. 内部开发无形资产在开发过程中达到资本化条件之前已经费用化计入当期损益的支出可调整重新资本化。（ ）

10. 通过政府补助取得的无形资产成本，应当按照名义金额计量。（ ）

四、计算与会计处理题

1. 甲企业有关业务如下：

（1）接受某股东以土地使用权作为投入资本，公允价值为 3 000 000 元，投资各方按公允价值确认。

（2）企业以所持一项专得技术对外投资，持股比例为 25%。该专利技术的账面原值为 5 000 000 元，已摊销 2 000 000 元。评估作价 3 500 000 元，以评估价作为协议价。

（3）自行研究开发一项专有技术，在研究开发过程中发生材料费用 800 000 元，人工工资 300 000 元，其他费用 600 000 元，总计 1 700 000 元。其中，符合资本化条件的支出为 1 000 000 元，期末，该专利技术已经达到预定用途。

（4）出售专利技术一项，其账面原值为 1 000 000 元，已摊销 300 000 元，已提减值准备 100 000 元，出售价 500 000 元，价款存入银行。按税法规定，转让无形资产需按转让价的 5%交纳营业税。

【要求】编制上述相关业务的会计分录。

2. 2007 年 1 月 1 日，企业购入一项专利权，实际支付的价款为 900 000 元。根据相关法律，该专利权的有效年限为 15 年，已使用 3 年。企业估计该专利权受益年限为 10 年。2010 年 12 月 31 日，由于与该专利权相关的经济因素发生不利变化，致使该专利权发生价值减值，企业估计其可收回金额为 300 000 元。假定不考虑所得税及其他相关税费的影响，企业于每年年末进行无形资产摊销。

【要求】编制上述相关业务的会计分录。

3. A 公司于 20×7 年 1 月 5 日从 B 公司购买一项专利权，协议约定采用分期付款方式支付款项，合同总价款为 1 200 000 元，分 3 年于每年年末支付价款 400 000 元。假定银行同期贷款利率为 10%。

【要求】对该项无形资产的进行相关账务处理。

第七章 流动负债

一、单项选择题

1. 企业按照辞退计划条款的规定，合理预计并确认辞退福利产生的应付职工薪酬并确认为负债，同时全部计入（ ）科目。

A. 生产成本　　B. 管理费用

C. 制造费用　　D. 营业外支出

2. 以现金结算的股份支付在可行权日之后，应付职工薪酬的公允价值变动计入（ ）科目，企业不再调整等待期内确认的成本费用。

A. 生产成本　　B. 管理费用

C. 公允价值变动损益　　D. 营业外支出

3. 职工薪酬义务的确认时间是在（ ）。

A. 职工提供服务的会计期间　　B. 款项应付或实际支付期间

C. 在职职工提供服务的会计期间　　D. 退休职工款项应付或实际支付期间

4. 甲公司为增值税一般纳税人，适用的增值税税率为17%。2007年1月甲公司董事会决定将本公司生产的500件产品作为福利发放给公司管理人员。该批产品的单件成本为1.2万元，市场销售价格为每件2万元（不含增值税）。不考虑其他相关税费，甲公司在2007年因该项业务应计入管理费用的金额为（ ）万元。

A. 600　　B. 770

C. 1 000　　D. 1 170

5. 因债权单位撤销或其他原因导致的企业无法或无需支付的应付款项应计入（ ）科目。

A. 其他业务收入　　B. 资本公积

C. 营业外收入　　D. 公允价值变动损益

6. “应交税费——未交增值税”账户的借方余额反映（ ）。

A. 尚未抵扣的增值税税额　　B. 多交的增值税税额

C. 欠交的增值税税额　　D. 允许抵扣的增值税税额

7. 下列税金与企业损益无关的有（ ）。

A. 城市维护建设税　　B. 营业税

C. 一般纳税企业的增值税销项税额　　D. 所得税

8. 下列各项中，能够引起负债和所有者权益同时发生变动的是（　　）。

A. 摊销固定资产大修理支出　　B. 董事会提出现金股利分配方案

C. 计提长期债券投资利息　　D. 以盈余公积弥补亏损

9. 某企业为增值税一般纳税企业，适用的增值税税率为17%。购进原材料一批，发票中价税合计为175 500元，运输过程中的保险费为500元，入库前的挑选整理费为500元。该批原材料的采购成本为（　　）元。

A. 176 500　　B. 150 700

C. 151 000　　D. 150 500

10. 某增值税一般纳税企业因暴雨毁损库存材料一批，该批原材料实际成本为20 000元，收回残料价值800元，保险公司赔偿11 600元。该企业购入材料的增值税税率为17%，该批毁损原材料造成的非常损失净额是（　　）元。

A. 7 600　　B. 18 800

C. 8 400　　D. 11 000

11. 某小规模纳税人当期购入原材料并已验收入库，其采购取得增值税专用发票记载原材料价格20 000元，增值税3 400元，该企业当期产品销售收入（含税）318 000元，则该企业当期应交增值税为（　　）元。

A. 14 600　　B. 18 000

C. 42 805　　D. 46 205

12. A公司向B公司购买商品1 000件，价目单标价为每件100元。B公司给A公司商业折扣20%，付款条件为“2/10，1/15，n/30”。A公司于12日后付款，A公司应付（　　）。

A. 80 000元　　B. 78 000元

C. 82 000元　　D. 79 200元

13. 企业月末盘亏原材料一批，实际成本为100 000元，增值税税额为17 000元，则其会计分录为（　　）。

A. 借：管理费用　100 000

　　贷：原材料　100 000

B. 借：待处理财产损溢　117 000

　　贷：原材料　100 000

　　　　应交税费——应交增值税（进项税额转出）　17 000

C. 借：待处理财产损溢　83 000

　　应交税费——应交增值税（进项税额）　17 000

　　贷：原材料　100 000

D. 借：待处理财产损溢　83 000

　　应交税费——应交增值税（进项税额）　17 000

贷：原材料 100 000

14. 企业月末对应交未交的增值税进行核算，其分录为（ ）。

A. 借：应交税费——应交增值税（销项税额）
　　贷：应交税费——未交增值税

B. 借：应交税费——应交增值税（转出未交增值税）
　　贷：应交税费——未交增值税

C. 借：应交税费——应交增值税（未交增值税）
　　贷：应交税费——转出未交增值税

D. 借：应交税费——应交增值税（未交增值税）
　　贷：应交税费——已交税金

15. 某企业委托外单位加工应税消费品一批。该消费品收回后直接用于销售，企业于提货时，应将由受托企业代收代缴的消费税记入（ ）。

A. “应交税费——应交消费税”账户的借方

B. “应交税费——应交消费税”账户的贷方

C. “委托加工物资”账户的借方

D. “营业税金及附加”账户的借方

16. 某小规模纳税企业出售应税消费品一批，取得含增值税的价款为169 600元，增值税征收率为6%，消费税税率为10%，应计入“应交税费——应交消费税”账户的贷方金额为（ ）。

A. 16 000元　　B. 16 960元

C. 15 040元　　D. 15 860元

二、多项选择题

1. 下列内容属于职工薪酬的有（ ）。

A. 解除与职工的劳动关系给予的补偿

B. 非货币性福利

C. 以权益工具结算的股份支付

D. 给员工购买的商业保险

E. 以现金结算的股份支付

2. 下列内容属于职工薪酬的“职工”范畴的有（ ）。

A. 与企业订立劳动合同的全职人员

B. 与企业订立劳动合同的临时人员

C. 企业正式任命的独立董事

D. 与企业订立劳动合同的兼职人员

E. 企业提供了清洁服务的人员

3. 下列关于职工薪酬计量的叙述正确的有（　　）。

A. 国家规定了计提基础和计提比例的，应当按照国家规定的标准计提

B. 没有规定计提基础和计提比例的，企业应当根据历史经验数据和实际情况，合理预计当期应付职工薪酬

C. 在职工提供服务的会计期末以后一年以上到期的应付职工薪酬，企业必须选择恰当的折现率，以应付职工薪酬折现后的金额计入相关资产成本或当期损益

D. 租赁住房等资产供职工无偿使用的，应当根据受益对象，将每期应付的租金计入相关资产成本或当期损益，并确认应付职工薪酬

E. 企业以其自产产品作为非货币性福利发放给职工的，按照该产品的公允价值，计入相关资产成本或当期损益，同时确认应付职工薪酬

4. 按现行会计制度的规定，企业交纳的下列各种税项中，可以通过“应交税费”科目核算的有（　　）。

A. 消费税　　　　B. 营业税

C. 土地增值税　　　　D. 城市维护建设税

E. 印花税

5. 对增值税一般纳税企业，下列各项业务中，需要转出进项税额的有（　　）。

A. 购进物资用于对外长期股权投资　　　　B. 购进物资发生非正常损失

C. 购进物资用于职工个人消费　　　　D. 购进物资用于工程建设

E. 购进物资生产的产品用于广告

6. 下列项目中，应作为“其他应付款”核算的有（　　）。

A. 应付商业票据利息　　　　B. 应付存入保证金

C. 应付短期借款利息　　　　D. 售后回购方式融入资金

E. 应交住房公积金

7. 下列各项中，应纳入职工薪酬核算的有（　　）。

A. 工会经费　　　　B. 职工养老保险费

C. 职工住房公积金　　　　D. 辞退职工经济补偿

8. 下列通过“应交税费”科目核算的有（　　）。

A. 资源税　　　　B. 消费税

C. 教育费附加　　　　D. 土地增值税

9. 下列行为，视同销售计算并交纳增值税的项目有（　　）。

A. 购入货物发生非正常损失后报废　　　　B. 将自产货物用于在建工程

C. 将自产货物用于对外投资　　　　D. 将自产货物委托他人代销

10. 下列税费中，按规定于计算交纳时计入管理费用的有（　　）。

A. 城市维护建设税　　　　B. 土地使用税

C. 车船使用税　　　　　　　　　　D. 矿产资源补偿费

11. 企业计算出应该交纳的消费税可能借记的科目有（　　）。

A. 其他业务成本　　　　　　　　　B. 营业税金及附加

C. 在建工程　　　　　　　　　　　D. 管理费用

E. 长期股权投资

12. 企业交纳的各种税金中，按照税法规定，可以在净利润前扣除的有（　　）。

A. 消费税　　　　　　　　　　　　B. 所得税

C. 房产税　　　　　　　　　　　　D. 车船使用税

13. 下列能够构成企业流动负债的业务有（　　）。

A. 企业签发 3 个月期的商业汇票　　B. 企业发行 5 年期的公司债券

C. 董事会决议分派现金股利　　　　D. 董事会决议分派股票股利

14. 一般纳税企业进行增值税核算时，下列经济业务中应作进项税额转出的有（　　）。

A. 在建工程领用生产材料　　　　　B. 购进工程用物资

C. 购进货物入库后发生非正常损失　D. 辅助生产部门领用材料

15. 下列应于发生时计入物资成本或生产成本的有（　　）。

A. 收购未税矿产品时代扣代缴的资源税

B. 将自产煤炭用于本企业生产时交纳的资源税

C. 加工后用于连续生产的委托加工应税消费品受托方代收代缴的消费税

D. 加工后直接对外销售的委托加工应税消费品受托方代收代缴的消费税

三、判断题

1. 产品质量担保债务，属于应付金额需预先估计的流动负债。（　　）

2. 企业无法支付的到期银行承兑汇票，应根据有关的凭证，借记“应付票据”科目，贷记“应付账款”科目。（　　）

3. 一般纳税企业将所购原材料对外投资，视同销售，应交纳的增值税额，计入“应交税费——应交增值税（销项税额）”账户。（　　）

4. 委托加工的应税消费品，若收回后用于连续加工应税消费品，由受托方代扣代缴的消费税应计入委托加工货物的成本。（　　）

5. 企业采购物资，在物资和发票账单不是同时到达的情况下，在实务中采用在月份终了将所购物资的应付债务估价计入“应付账款”科目。（　　）

6. 小规模纳税企业购入货物时，若取得了增值税专用发票，其支付的增值税可计入进项税额，由销项税额抵扣。（　　）

7. 企业某些视同销售的行为，如对外投资，实际上不是一种销售行为，但

会计上要作为销售处理，同时按规定计算交纳增值税。（ ）

8. 企业在“应交税费”科目下设置“未交增值税”明细科目，核算一般纳税人企业月终时转入的当月应交未交的增值税和多交的增值税。（ ）

9. 小规模纳税企业购买货物或接受应税劳务所支付的增值税，直接计入相关货物和劳务的成本，不计列相关的进项税额；销售商品或对外提供应税劳务所发生的增值税，也不计列销项税额，其发生的应交增值税额在利润表中作为营业税金及附加列示。（ ）

10. 税法上视同销售并不意味着会计上就视同销售，有些业务，税法上要视同销售计算有关税金，但会计上并不作为销售处理。（ ）

11. 企业委托加工应税消费品应负担消费税，如果收回的加工物资继续生产应税消费品的，企业应将所负担的消费税计入“应交税费——应交消费税”账户的贷方。（ ）

12. 非货币性福利不一定通过“应付职工薪酬”科目核算，但在附注中仍应将其归入职工薪酬总额内披露。（ ）

13. 企业董事会或类似机构通过的利润分配方案中拟分配的现金股利或利润应确认为负债，同时应在附注中披露。（ ）

14. 企业应交的土地增值税、印花税、车船使用税、房产税应计入“管理费用”科目。（ ）

15. 按照企业会计准则规定，企业应按工资总额的14%计提福利费计入相关成本费用科目。（ ）

四、计算与会计处理题

1. 甲公司为增值税一般纳税企业，适用的增值税税率为17%，材料采用实际成本进行日常核算。该公司2008年4月30日“应交税费——应交增值税”科目借方余额为4万元，该借方余额均可用下月的销项税额抵扣。5月份发生如下涉及增值税的经济业务：

（1）购买原材料一批，增值税专用发票上注明价款为60万元，增值税额为10.2万元，公司已开出承兑的商业汇票。该原材料已验收入库。

（2）用原材料对外投资，双方协议按成本作价。该批原材料的成本和计税价格均为41万元，应交纳的增值税额为6.97万元。

（3）销售产品一批，销售价格为20万元（不含增值税额），实际成本为16万元，提货单和增值税专用发票已交购货方，货款尚未收到。该销售符合收入确认条件。

（4）在建工程领用原材料一批，该批原材料实际成本为30万元，应由该批原材料负担的增值税额为5.1万元。

(5) 月末盘亏原材料一批，该批原材料的实际成本为 10 万元，增值税税额为 1.7 万元。

(6) 用银行存款交纳本月增值税 2.5 万元。

(7) 月末将本月应交未交增值税转入未交增值税明细科目。

【要求】

(1) 编制上述经济业务相关的会计分录（“应交税费”科目要求写出明细科目及专栏名称）。

(2) 计算甲公司 5 月份发生的销项税额、应交增值税税额和应交未交的增值税税额（答案中的金额单位为万元）。

2. 某公司一季度销售 40 辆摩托车，每辆销售价格 10 000 元（不含应向购买方收取的增值税额），货款尚未收到，摩托车每辆成本为 6 000 元。摩托车的增值税税率为 17%，消费税税率为 10%。

【要求】 作出该公司的会计分录。

3. 某工业企业为小规模纳税企业，适用的增值税税率为 6%。该企业本期购入原材料，按照增值税专用发票上记载的原材料成本为 600 000 元，支付的增值税税额为 102 000 元，企业已开出承兑商业汇票，材料尚未收到。该企业本期销售产品，含税价格为 916 900 元，货款尚未收到。

【要求】 根据上述经济业务，请作出相应的会计分录。

第八章　非流动负债

一、单项选择题

1. 下列项目中，不通过长期应付款科目核算的有（　　）。

A. 应付经营租赁款

B. 应付融资租赁款

C. 应付补偿贸易引进设备款

D. 具有融资性质的购买固定资产未支付的款项

2. 企业发行的可转换公司债券，应当在初始确认时将其包含的负债成分和权益成分进行分拆，将负债成分确认为应付债券，将权益成分确认为（　　）。

A. 股本　　B. 留存收益

C. 公允价值变动损益　　D. 资本公积

3. 根据《企业会计准则——借款费用》的规定，下列有关借款费用停止资本化时点的表述中，正确的是（　　）。

A. 固定资产交付使用时停止资本化

B. 固定资产办理竣工决算手续时停止资本化

C. 固定资产达到预定可使用状态时停止资本化

D. 固定资产建造过程中发生中断时停止资本化

4. 2007 年 1 月 1 日，兴龙公司取得专门借款 2 000 万元直接用于当日开工建造的厂房，2007 年累计发生建造支出 1 800 万元，2008 年 1 月 1 日，该企业又取得一般借款 500 万元，年利率为 6%，当天发生建造支出 300 万元，以借入款项支付（兴龙公司无其他一般借款）。不考虑其他因素，兴龙公司按季计算利息费用资本化金额。2008 年第一季度该企业应予资本化一般借款利息费用为（　　）万元。

A. 1.5　　B. 3

C. 4.5　　D. 7.5

5. 兴龙公司对销售产品承担售后保修，发生的保修费一般为销售额的 1%～2%之间，兴龙公司 2008 年销售额为 2 000 万元，支付保修费用 12 万元，期初“预计负债——保修费用”的余额是 10 万元，则 2008 年期末“预计负债——保修费用”的余额是（　　）。

A. 18 万元　　B. 28 万元

C. 40 万元　　　　D. 30 万元

6. 兴龙公司对销售产品承担售后保修，期初“预计负债——保修费用”的余额是 10 万元，包含计提的 C 产品保修费用 4 万元，本期销售 A 产品 100 万元，发生的保修费预计为销售额的 1%～2%之间，销售 B 产品 80 万元，发生的保修费预计为销售额的 2%～3%之间，C 产品已不再销售且已售 C 产品保修期已过，则期末“预计负债——保修费用”的余额是（　　）。

A. 13.5 万元　　　　B. 12.6 万元

C. 8.6 万元　　　　D. 9.5 万元

7. 兴龙公司 11 月收到法院通知被某单位提起诉讼，要求兴龙公司赔偿违约造成的经济损失 100 万元，至 12 月 31 日，法院尚未作出判决。对于此项诉讼，兴龙公司预计有 80%的可能性败诉，需支付赔偿对方 60 至 80 万元，并支付诉讼费用 2 万元。兴龙公司 12 月 31 日需要作的处理是（　　）。

A. 不能确认，在报表附注中披露

B. 确认预计负债 72 万元，同时在报表附注中披露有关信息

C. 确认预计负债 62 万元，同时在报表附注中披露有关信息

D. 确认预计负债 100 万元

8. A 企业 2008 年 1 月 1 日发行的 2 年期公司债券，实际收到款项 193 069 元，债券面值 200 000 元，每半年付息一次，到期还本，票面利率 10%，实际利率 12%。采用实际利率法摊销溢折价，计算 2008 年 12 月 31 日应付债券的账面余额是（　　）元。

A. 193 069　　　　B. 194 653

C. 196 296　　　　D. 200 000

9. 兴龙公司于 12 月 15 日收到法院通知，被告知乙公司状告兴龙公司侵权，要求兴龙公司赔偿 200 万元，至年末未结案。兴龙公司在年末编制会计报表时，根据法律诉讼的进展情况以及专业人士的意见，认为对原告进行赔偿 150 万元的可能性为 60%，赔偿 100 万元的可能性为 40%，为此，兴龙公司应在年末进行的会计处理是（　　）。

A. 确认预计负债 150 万元　　　　B. 确认预计负债 100 万元

C. 确认预计负债 130 万元　　　　D. 确认预计负债 200 万元

10. 企业采用补偿贸易方式从国外引进设备时，以人民币借款支付进口关税、国内运杂费时，应计入（　　）。

A. 当期的财务费用　　　　B. 当期的其他业务支出

C. 当期的管理费用　　　　D. 引进设备的价值

11. 企业采用补偿贸易方式从国外引进设备后，用引进设备生产的产品偿还设备的价款时，应（　　）。

A. 借记“长期应付款”，贷记“固定资产”

B. 借记“长期应付款”，贷记“库存商品”

C. 借记“长期应付款”，贷记“库存商品”和“应交税费”

D. 应在反映销售收入的同时，借记“长期应付款”，贷记“应收账款”

二、多项选择题

1. 下列有关借款费用资本化的论断中，正确的有（ ）。

A. 为购建固定资产借入的专门借款产生的利息支出属于工程期内的部分在扣减了闲置专门借款用于投资产生的收益后的部分计入工程成本

B. 房地产开发企业为开发房产而借入的长期负债产生的利息支出属于房屋建设期内的部分，不应计入房产成本，这是因为所建房屋属该类企业的流动资产非固定资产

C. 只有专门借款派生的辅助费用才可以资本化

D. 外币专门借款产生的汇兑差额在资本化期间应计入相关资产成本，无需结合资产支出的发生额计算

2. 下列有关借款费用资本化的论断中，正确的有（ ）。

A. 为长期股权投资而发生的借款费用，在投资期间内应计入该投资成本

B. 在购建固定资产过程中，如果发生了非正常中断，则属该期间的相关长期借款费用不计入工程成本

C. 一般借款利息费用资本化的计算需结合资产支出的发生额计算

D. 资本化期间，是指从借款费用开始资本化时点到停止资本化时点的期间，借款费用暂停资本化的期间不包括在内

3. 企业为购建固定资产专门借入的款项所发生的借款费用，停止资本化的时点有（ ）。

A. 所购建固定资产已达到或基本达到设计要求或合同要求时

B. 固定资产的实体建造工作已经全部完成或实质上已经完成时

C. 继续发生在所购建固定资产上的支出金额很少或者几乎不再发生时

D. 需要试生产的固定资产在试生产结果表明资产能够正常生产出合格产品时

4. 下列项目中，属于借款费用的是（ ）。

A. 借款手续费用　　B. 发行公司债券所发生的利息

C. 发行公司债券所发生的溢价　　D. 发生公司债券折价的摊销

E. 外币借款汇兑损失

5. 下列借款费用在资本化时不需要与资产支出相挂钩的包括（ ）。

A. 借款辅助费用　　B. 专门借款的利息支出

C. 汇兑差额　　D. 一般借款的利息支出

6. 以下应停止借款费用资本化的情况有（ ）。

A. 已经分别完工但是不可独立使用的固定资产

B. 所购置或建造的固定资产与设计或合同要求相符合或基本相符

C. 继续发生在固定资产上的支出金额很少或几乎不再发生

D. 试生产结果表明资产能够正常运行或生产出合格产品

E. 固定资产的实体建造工作已经全部完成或实质上已经完成

7. 在估计因或有事项而确认的负债金额时，以下正确的选择有（ ）。

A. 如果存在一个金额范围，合理估计数是该范围上、下限的平均数

B. 如果存在一个金额范围，合理估计数是该范围的上限

C. 如果不存在一个金额范围，涉及单个项目，按最可能发生的金额确定

D. 如果不存在一个金额范围，涉及多个项目，按各种可能发生的金额及其发生的概率计算确定

E. 如果不存在一个金额范围，涉及多个项目，按发生概率最高项目的可能金额确定

8. 当借款费用同时满足下列（ ）条件时，才能开始资本化。

A. 资产支出已经发生，资产支出包括为购建或者生产符合资本化条件的资产而以支付现金、转移非现金资产或者承担带息债务形式发生的支出

B. 借款费用已经发生

C. 为使资产达到预定可使用或者可销售状态所必要的购建或者生产活动已经开始

D. 未发生非正常停工

9. "长期应付款"科目核算的内容有（ ）。

A. 长期应付贷款　　B. 采用补偿贸易方式引进国外设备价款

C. 长期应付债券　　D. 应付融资租入固定资产的租赁费

10. 下列有关借款费用资本化的论断中，正确的是（ ）。

A. 专门借款利息资本化额等于发生在资本化期间的专门借款所有利息费用减去闲置专门借款派生的利息收益或投资收益

B. 购建或者生产的符合资本化条件的资产的各部分分别完工，且每部分在其他部分继续建造过程中可供使用或者可对外销售，且为使该部分资产达到预定可使用或可销售状态所必要的购建或者生产活动实质上已经完成的，应当停止与该部分资产相关的借款费用的资本化

C. 购建或者生产的资产的各部分分别完工，但必须等到整体完工后才可使用或者可对外销售的，应当在该资产整体完工时停止借款费用的资本化

D. 借款费用符合资本化条件的计入"在建工程"、"投资性房地产"和"存货"等资产

11. 下列说法正确的是（ ）。

A. 一般借款利息费用资本化计算需结合的资产支出指的是累计资产支出超过专门借款的部分

B. 汇兑差额资本化不与发生在所购建的固定资产上的支出挂钩

C. 在应予资本化的每一会计期间，利息资本化金额不得超过实际利息费用额

D. 为购建固定资产所借款项派生的辅助费用，发生在停止资本化前的部分应予资本化

12. 以下属于非正常停工的原因是（ ）。

A. 与施工方发生质量纠纷而停工 B. 与工程建设有关的劳动纠纷而停工

C. 因资金周转困难而停工 D. 因可预见的不可抗力而停工

E. 因不可预见的不可抗力而停工

13. 下列有关借款费用资本化的表述中，正确的有（ ）。

A. 所建造固定资产的支出基本不再发生时，应停止借款费用资本化

B. 固定资产建造中发生正常中断且连续超过 3 个月的，应暂停借款费用资本化

C. 固定资产建造中发生非正常中断且连续超过 1 个月的，应暂停借款费用资本化

D. 所建造固定资产基本达到设计要求、不影响正常使用时，应停止借款费用资本化

三、判断题

1. 若本期按债券票面利率计算的利息为 10 万元，折价摊销数为 2 万元，则本期应计入财务费用或在建工程的金额为 12 万元。（ ）

2. 企业债券的发行价格受同期银行贷款利率影响较大。（ ）

3. 为购建或者生产符合资本化条件的资产而借入专门借款的，应当以专门借款当期实际发生的利息费用确定资本化额。（ ）

4. 为购建或者生产符合资本化条件的资产而占用了一般借款的，企业应当根据累计资产支出超过专门借款部分的资产支出加权平均数乘以所占用一般借款的资本化率，计算确定一般借款应予资本化的利息金额。（ ）

5. 与或有事项有关的义务如果符合确认条件加以确认时，涉及单个项目按最高的估计负债金额入账。（ ）

6. 对于可转换公司债券的负债成分在转换为股份前的会计处理与一般公司债券没有区别。（ ）

7. 企业发生的借款费用，可直接归属于符合资本化条件的资产的购建或者生产的，应当予以资本化，计入相关资产成本；其他借款费用，应当在发生时根

据其发生额确认为费用，计入当期损益。（ ）

8. 符合资本化条件的资产，是指需要经过相当长时间的购建或者生产活动才能达到预定可使用或者可销售状态的固定资产、投资性房地产和存货等资产。（ ）

9. 针对特定产品质量保证确认的预计负债，如果由于转产或保修期结束导致该产品保修的负债义务消失，则“预计负债——产品质量保证”余额应予冲销。（ ）

10. 在担保涉及诉讼的情况下，企业已经被判决败诉，但是正在上诉或上一级法院裁定暂缓执行，企业应当在资产负债表日按照判决结果合理估计可能产生的损失金额，同时确认预计负债。（ ）

11. 在借款费用资本化期间内，建造资产的累计支出金额未超过专门借款金额的，发生的专门借款利息扣除该期间与专门借款相关的收益后的金额，应当计入所建造资产成本。（ ）

12. 企业购建符合资本化条件的资产而取得专门借款支付的辅助费用，应在支付当期全部予以资本化。（ ）

13. 在资本化期间内，每一会计期间的利息资本化金额，不应当超过当期相关借款实际发生时的利息金额。（ ）

14. 发生在停止资本化以前的外币专门借款本金及利息的汇兑差额，应当予以资本化，计入符合资本化条件的资产的成本。（ ）

15. 一般借款发生的辅助费用，应当在发生时根据其发生额确认为费用，计入当期损益。（ ）

四、计算与会计处理题

1. 兴龙公司于 2007 年 1 月 1 日动工兴建一办公楼，工程采用出包方式，每半年支付一次工程进度款。公司为建造办公楼于 2007 年 1 月 1 日专门借款 2 000 万元，借款期限为 3 年，年利率为 8%。除此之外，无其他专门借款。

办公楼的建造还占用两笔一般借款：A 银行长期贷款 2 000 万元，期限为 2006 年 12 月 1 日至 2009 年 12 月 1 日，年利率为 6%，按年支付利息。按面值发行公司债券 1 亿元，发行日为 2006 年 1 月 1 日，期限为 5 年，年利率为 8%，按年支付利息。工程于 2008 年 6 月 30 日完工，达到预定可使用状态。

建造工程资产支出如下：

（1）2007 年 1 月 1 日，支出 1 500 万元。

（2）2007 年 7 月 1 日，支出 2 500 万元，累计支出 4 000 万元。

（3）2008 年 1 月 1 日，支出 1 500 万元，累计支出 5 500 万元。

闲置专门借款资金用于固定收益债券短期投资，假定短期投资月收益率为

0.5%。假定全年按 360 天计。

【要求】根据上述资料作出兴龙公司借款费用资本化的相关会计处理。

2. ABC 上市公司发行公司债券为建造专用生产线筹集资金，有关资料如下：

(1) 2007 年 12 月 31 日，委托证券公司以 7 755 万元的价格发行 3 年期分期付息公司债券，该债券面值为 8 000 万元，票面年利率为 4.5%，实际年利率为 5.64%，每年付息一次，到期后按面值偿还，支付的发行费用与发行期间冻结资金产生的利息收入相等。

(2) 生产线建造工程采用出包方式，于 2008 年 1 月 1 日开始动工，发行债券所得款项当日全部支付给建造承包商，2009 年 12 月 31 日所建造生产线达到预定可使用状态。

(3) 假定各年度利息的实际支付日期均为下年度的 1 月 10 日，2011 年 1 月 10 日支付 2010 年度利息，一并偿付面值。

(4) 所有款项均以银行存款收付。

【要求】

(1) 计算 ABC 公司该债券在各年末的摊余成本、应付利息金额、当年应予资本化或费用化的利息金额、利息调整的本年摊销额和年末余额。

(2) 分别编制 ABC 公司与债券发行、2008 年 12 月 31 日和 2010 年 12 月 31 日确认债券利息、2011 年 1 月 10 日支付利息和面值业务相关的会计分录（答案中的金额单位用万元表示，“应付债券”科目应列出明细科目）。

第九章　所有者权益

一、单项选择题

1. 投资者投入资本时，贷记的会计科目是（　　）。

A. 银行存款　　B. 固定资产

C. 实收资本　　D. 营业外收入

2. 在企业有新的投资者加入时，投资者投入的资本中应按其投资比例计算的出资额部分，计入“实收资本”科目，大于部分应计入（　）科目。

A. 实收资本　　B. 资本公积

C. 盈余公积　　D. 营业外收入

3. A 公司原由甲、乙、丙三位股东各出资 15 万元设立，经过两年的经营后，公司的实收资本增为 54 万元，留存收益为 10 万元，这时，丁股东愿意出资 30 万元加入该公司，丁股东占 25%的股份，则应将丁股东出资中的（　　）万元计入资本公积。

A. 15　　B. 12

C. 10　　D. 8.7

4. 某股份制公司委托某证券公司代理发行普通股 2 000 万股，每股面值 1 元，每股按 2.3 元的价格出售。按协议，证券公司从发行收入中收取 2%的手续费，从发行收入中扣除，则该公司计入资本公积的数额为（　　）万元。

A. 2 600　　B. 2 560

C. 4 508　　D. 2 508

5. 为了减资而回购的库存股，下列说法中正确的有（　　）。

A. 库存股应作为资产列示　　B. 库存股应作为所有者权益的减项

C. 注销库存股只能冲减资本公积　　D. 库存股应在资产负债表日前转出

6. 甲公司购入股票 350 万元作为可供出售金融资产，在资产负债表日，该股票的公允价值为 320 万元。在不考虑所得税的影响下，影响甲公司资本公积的金额为（　　）万元。

A. 350　　B. 320

C. 30　　D. 670

7. 甲公司“盈余公积”科目的年初余额为 100 万元，本期提取 270 万元，转增资本 160 万元，该公司“盈余公积”科目的年末余额为（　　）万元。

A. 370　　B. 210
C. 350　　D. 530
8. 法定盈余公积金已达注册资本的（　）时可不再提取。
A. 50%　　B. 25%
C. 20%　　D. 30%
9. 用盈余公积补亏时，在冲减盈余公积的同时，应增加（　）。
A. 资本公积　　B. 未分配利润
C. 实收资本　　D. 营业外收入
10. 企业用法定盈余公积转增资本时，所留存的该项公积金不得少于转增前公司注册资本的（　）。
A. 10%　　B. 25%
C. 50%　　D. 没有规定
11. 企业用盈余公积弥补亏损，应编制的会计分录为（　）。
A. 借：盈余公积
　　贷：利润分配——未分配利润
B. 借：盈余公积
　　贷：利润分配——盈余公积补亏
C. 借：盈余公积
　　贷：实收资本
D. 不作会计分录
12. 某企业上年末未分配利润为 500 000 元，本年税后利润为 200 000 元，按照规定提取盈余公积后，又向投资者分配利润 300 000 元（法定盈余公积提取比例为 10%）。该企业本年年末未分配利润数额为（　）元。
A. 700 000　　B. 500 000
C. 400 000　　D. 380 000
13. 下列各项中，能够引起所有者权益总额变化的是（　）。
A. 资本公积转增资本　　B. 增发新股
C. 向股东支付已宣告分派的现金股利　　D. 以盈余公积弥补亏损
14. 下列各项中，会引起留存收益总额发生增减变动的是（　）。
A. 盈余公积转增资本　　B. 盈余公积补亏
C. 资本公积转增资本　　D. 用税后利润补亏

二、多项选择题

1. 一般企业增加资本的主要途径是（　）。
A. 接受投资者追加投资　　B. 资本公积转增资本

C. 向银行举债　　D. 盈余公积转增资本

E. 发行债券

2. 某公司在筹建期间委托华夏证券公司代理发行普通股 1 000 万股，每股面值 1 元，按每股 1.01 元的价格发行。公司与华夏证券公司约定，华夏证券公司按发行收入的 3%收取手续费，从发行收入中扣除。假如收到的股款已存入银行。在上述情况下，该公司收到股款的会计分录涉及的科目有（　　）。

A. 银行存款　　B. 长期待摊费用

C. 股本　　D. 资本公积

E. 盈余公积

3. 股份公司增加股本的途径主要有（　　）。

A. 盈余公积转增股本　　B. 资本公积转增股本

C. 发放股票股利　　D. 长期负债转为股本

E. 增发普通股

4. 企业注销库存股时，可能抵减的项目有（　　）。

A. 盈余公积　　B. 资本公积

C. 未分配利润　　D. 实收资本

E. 其他应付款

5. 下列各项中，应通过"资本公积"科目核算的有（　　）。

A. 接受捐赠资产　　B. 存货跌价准备

C. 转让无形资产净收益　　D. 以权益结算的股份支付

E. 权益法下，被投资单位除净损益以外的所有者权益的变动

6. 下列属于资本公积内容的有（　　）。

A. 直接计入当期损益的利得　　B. 资本溢价（或股本溢价）

C. 直接计入所有者权益的利得　　D. 直接计入所有者权益的损失

E. 出售应收债权实现的利得

7. 企业盈余公积的主要用途包括（　　）。

A. 增加资本（或股本）　　B. 弥补亏损

C. 用于集体福利设施　　D. 分派现金股利

E. 偿还债务

8. 下列事项中，可引起所有者权益减少的有（　　）。

A. 提取法定盈余公积　　B. 向投资者分配利润

C. 用盈余公积弥补亏损　　D. 发生亏损

E. 用资本公积转增资本

9. 下列仅影响所有者权益这一要素结构变动的项目有（　　）。

A. 用盈余公积弥补亏损　　B. 用盈余公积转增资本

C. 分配现金股利　　D. 提取法定盈余公积

E. 分配股票金股利

10. 下列事项中，引起所有者权益减少的有（　　）。

A. 以盈余公积金弥补亏损　　B. 经批准减资

C. 以资本公积转增股本　　D. 宣告分派现金股利

E. 分配股票股利

11. 下列各项中，属于留存收益的主要有（　　）。

A. 盈余公积　　B. 资本公积

C. 未分配利润　　D. 实收资本

E. 其他应付款

12. 股份公司发行股票支付的手续费、佣金等交易费用，无溢价发行股票溢价金额不足以抵扣的，应将不足抵扣的部分冲减（　　）。

A. 资本公积　　B. 盈余公积

C. 财务费用　　D. 未分配利润

E. 股本

13. 下列各项，不涉及留存收益总额发生变化的是（　　）。

A. 以资本公积转增资本　　B. 分配现金股利

C. 分配股票股利　　D. 以盈余公积弥补亏损

E. 提取法定盈余公积

三、判断题

1. 企业资产增加时，企业所有者权益必定会等额增加。（　）

2. 企业的注册资本和所有者投入资本总是相等的。（　）

3. 公司的组织形式包括独资、合伙和公司三种，前两种不具备法人资格，只有公司具有法人资格。（　）

4. 即使是在溢价发行股票的情况下，股份有限公司的股本也是股票面值与股份总数的乘积，而且股本应等于注册资本。（　）

5. 在我国，如果资本市场不景气，公司为了筹集资金，也可以采用折价发行股票的方式。（　）

6. 公司的经营积累可以形成公司的资本公积。（　）

7. 在债务重组中，由债权人豁免的债务可以直接计入资本公积。（　）

8. 以盈余公积转增资本不涉及所有者权益总额的变动，但以盈余公积弥补亏损会减少所有者权益总额。（　）

9. 国有独资公司的投入资本，无论是初始投入还是其后的追加，全部作为实收资本入账。（　）

10. 资本公积只有在所有者投入企业的资金超过资本总额时才可能发生。（　　）

11. 企业若用盈余公积的结余数购置固定资产或对外投资时，会计账面应减少盈余公积的结余数。（　　）

12. 企业用盈余公积转增资本或弥补亏损，均不影响所有者权益总额的变化。（　　）

四、计算与会计处理题

1. 甲公司是一般纳税人，由 A、B、C 三方投资兴建，所得税税率为 25%，假设该公司 2008 年发生如下经济业务：

（1）甲公司资产负债表日可供出售的金融资产的公允价值为 300 万元，账面价值为 280 万元。

（2）甲公司按照规定办理增资手续后，将资本公积 90 000 元转增资本金。该公司原有注册资金 2 910 000 元，其中 A、B、C 三家各占 1/3。

（3）经股东大会决议，公司用盈余公积 100 000 元弥补以前年度亏损。

（4）甲公司从实现的利润中提取的法定盈余公积为 38 000 元。

（5）接受 D 公司加入联营，经投资各方协商，D 公司愿意出资 1 585 000 元拥有该公司股份的 25%，其中，设备出资 1 000 000 元，已经办理实物产权转移手续，原材料出资 585 000 元（含增值税），已经收到 D 公司开具的增值税专用发票。

【要求】 根据以上资料编制有关会计分录。

2. 甲公司 2007 年 1 月 1 日发行在外的普通股为 11 600 万股，每股面值 1 元，资本公积（股本溢价）6 000 万元，盈余公积为 900 万元，2007 年度，甲公司发生下列业务：

（1）经股东大会批准，公司采用收购本公司股票的方法减资。回购时，每股股票回购价为 5 元，共回购 1 600 万股。回购后，企业将库存股注销。

（2）公司 2 年前持有丙公司 30% 的有表决权股份，采用权益法核算对丙公司的股权投资，当年确认丙公司 2006 年度股东权益共增加 300 万元，其中 180 万元为 2006 年度实现的净利润。

（3）年末，结转 2007 年度本年利润 800 万元，提取盈余公积 80 万元，向股东分配现金股利 320 万元。

【要求】 根据以上资料编制有关会计分录。

3. 甲公司 2008 年至 2010 年有关业务如下：

（1）2008 年 1 月 1 日，甲公司股东权益总额为 46 500 万元（其中，股本总额为 10 000 万股，每股面值 1 元，资本公积为 30 000 万元，盈余公积为 6 000

万元，未分配利润为500万元），2008年度实现净利润400万元，股本与资本公积项目未发生变化。

2009年3月1日，甲公司董事会提出如下预案：

1）按2008年度实现净利润的10%提取法定盈余公积。

2）以2008年12月31日的股本总额为基数，以资本公积（股本溢价）转增股本，每10股转增4股，计4 000股。

2009年5月5日，甲公司召开股东大会，审议批准了董事会提出的预案，同时决定分派现金股利300万元，2009年6月10日，甲公司办妥了上述资本公积转增股本的有关手续。

（2）2009年度，甲公司发生净亏损3 142万元。

（3）2010年5月9日，甲公司股东大会决定以法定盈余公积弥补账面累计未弥补亏损200万元。

【要求】

（1）编制甲公司2009年3月提取法定盈余公积的会计分录。

（2）编制甲公司2009年5月宣告分派现金股利的会计分录。

（3）编制甲公司2009年6月资本公积转增股本的会计分录。

（4）编制甲公司2009年度结转当年净亏损的会计分录。

（5）编制甲公司2010年5月以法定盈余公积弥补亏损的会计分录（“利润分配”、“盈余公积”科目要写出明细科目；答案中的金额用万元表示）。

第十章 收入、费用、利润

一、单项选择题

1. 企业对外销售需要安装的商品时，若安装和检验属于销售合同的重要组成部分，则确认该商品销售收入的时间是（　　）。

A. 商品安装完毕并检验合格时　　B. 收到商品销售货款时

C. 商品运抵并开始安装时　　D. 发出商品时

2. 在采用收取手续费方式委托代销商品时，委托方确认商品销售收入的时点是（　　）。

A. 委托方销售商品时

B. 委托方发出商品时

C. 委托方收到受托方开具的代销清单时

D. 委托方收到受托代销商品的销售货款时

3. 在视同买断商品的委托代销方式下，委托方确认收入的时点是（　　）。

A. 委托方销售商品时

B. 委托方发出商品时

C. 委托方收到受托方开具的代销清单时

D. 委托方收到受托代销商品的销售货款时

4. 按照收入准则规定，销售合同中规定了由于特定原因买方有权退货的条款，而企业又不能确定退货的可能性，在这种情况下，销售收入的确认时间为（　　）。

A. 向购货方交付商品时

B. 收到货款时

C. 同意按购货方要求对商品质量、品种等方面不符合合同规定的问题进行检查时

D. 退货期满时

5. 某公司 2009 年 1 月 1 日签订了一项总金额为 2 000 万元的咨询合同，合同期为 3 年，预计总成本为 1 600 万元，2009 年发生成本 500 万元，2010 年发生成本 600 万元，2011 年预计发生成本 500 万元。假定该劳务的结果能够可靠地估计，则该公司 2010 年度应确认的咨询收入为（　　）万元。

A. 1 315　　B. 10 000

C. 750　　D. 600

6. 下列各项，符合会计要素收入定义的是（　）。

A. 出售材料收入　　B. 出售无形资产净收益

C. 转让固定资产净收益　　D. 向购货方收取的增值税销项税额

7. 下列收入不属于其他业务收入的有（　）。

A. 材料销售收入　　B. 技术转让收入

C. 固定资产出租收入　　D. 罚款收入

8. 甲公司对 A 产品实行一个月内包退、包换、包修的销售政策。2008 年 8 月共销售该产品 20 件，售价 10 万元，成本为 8 万元。根据以往经验，A 产品包退的占 4%，包换的占 6%，包修的占 10%，甲公司 8 月份 A 产品的收入应确认为（　）元。

A. 100 000　　B. 96 000

C. 90 000　　D. 80 000

9. 报告年度销售或以前年度销售的商品，在年度终了后至财务报告批准报出日以前退回的，应（　）。

A. 冲减本年度主营业务收入及相关成本、税金

B. 直接调整年初未分配利润

C. 冲减退回月份主营业务收入及相关成本、税金

D. 冲减报告年度主营业务收入及相关成本、税金

10. 下列各项中，能作为企业收入处理的有（　）。

A. 企业代收的增值税

B. 企业代收的消费税

C. 旅行社代客户购买机票收取的款项

D. 提供工业性作业收入

11. 某公司 2009 年 11 月 6 日发给甲企业商品 1 000 件，增值税发票注明的货款为 100 000 元，增值税税额为 17 000 元，代垫运杂费 2 000 元，该批商品的成本为 85 000 元。在向银行办妥托收手续后得知甲企业资金周转十分困难，该公司决定本月不确认该笔收入。在下列相关会计处理中，不正确的是（　）。

A. 借：发出商品　　85 000
　　贷：库存商品　　85 000

B. 借：应收账款　　2 000
　　贷：银行存款　　2 000

C. 借：应收账款　　85 000
　　贷：主营业务成本　　85 000

D. 借：应收账款　　85 000

贷：应交税费——应交增值税（销项税额）　　85 000

12. 下列项目中，不属于管理费用的有（　）。

A. 业务招待费　　B. 工会经费

C. 运输装卸费　　D. 技术转让费

13. 下列项目中，不属于管理费用的有（　）。

A. 支付的劳动保险费

B. 发生的业务招待费

C. 违反销售合同支付的罚款

D. 支付的离退休人员参加医疗保险的医疗保险基金

14. 待业保险费应计入的科目是（　）。

A. 管理费用　　B. 营业外支出

C. 应付福利费　　D. 其他业务成本

15. 企业销售部门发生的业务招待费，应计入（　）科目。

A. 管理费用　　B. 销售费用

C. 主营业务成本　　D. 其他业务成本

16. 专设销售机构的办公费用应计入（　）科目。

A. 销售费用　　B. 管理费用

C. 生产成本　　D. 制造费用

17. 下列各项中，属于管理费用核算内容的有（　）。

A. 自然灾害造成的流动资产净损失

B. 无法查明原因的现金盘亏

C. 产品展销费用

D. 按面值发行股票发生的手续费

18. 2009 年购入库存商品 800 万元，年末该存货的账面余额为 600 万元，已计提存货跌价准备 80 万元，则存货的计税基础是（　）万元。

A. 600　　B. 520

C. 800　　D. 80

19. 2009 年 3 月借入 1 年期借款 300 万元，年末短期借款余额为 300 万元，则年末资产负债表日该负债的计税基础是（　）万元。

A. 0　　B. 300

C. 150　　D. 200

20. 某公司 2009 年末存货账面余额为 200 万元，已提存货跌价准备 10 万元，则形成的可抵扣暂时性差异为（　）万元。

A. 0　　B. 200

C. 190　　D. 10

21. 甲公司适用的所得税税率为25%，2009年末长期股权投资账面余额为220万元，其中原始投资成本为200万元，按权益法确认投资收益为20万元，则应确认的递延所得税负债为（　）万元。

A. 50　　B. 55

C. 5　　D. 2.5

22. 下列属于可抵扣的暂时性差异的是（　）。

A. 固定资产的账面价值小于其计税基础形成的差异

B. 应收账款的账面价值大于其计税基础形成的差异

C. 存货计提跌价准备后，账面价值与计税基础之间的差异

D. 权益法核算长期股权投资取得投资收益后账面价值与计税基础之间的差异

23. 甲公司采用资产负债表债务法核算所得税，上期期末“递延所得税负债”科目的贷方余额为247万元，本期发生的应纳税暂时性差异为150万元，适用的所得税税率为33%，甲公司本期期末“递延所得税负债”科目的余额为（　）万元。

A. 296.5　　B. 131

C. 397　　D. 197.5

24. 在企业收回资产账面价值的过程中，计算应纳税所得额时按照税法规定可以自应税经济利益中抵扣的金额，称为（　）。

A. 负债的计税基础　　B. 资产的计税基础

C. 资产的账面价值　　D. 应纳税所得额

25. 下列交易或事项中，不应确认为营业外支出的是（　）。

A. 对外捐赠支出　　B. 债务重组损失

C. 计提的存货跌价准备　　D. 计提的在建工程减值准备

26. 下列交易或事项中，应计入营业外支出的是（　）。

A. 支付的广告费　　B. 发生的研究与开发费用

C. 自然灾害造成的存货净损失　　D. 摊销的出租无形资产账面价值

27. “本年利润”科目8月末贷方余额反映的是企业（　）。

A. 从年初开始至8月末累计实现的净利润

B. 8月份实现的净利润

C. 从年初开始至8月末累计实现的净收入

D. 上年累计未分配利润加上本年从年初开始至8月末累计实现的净利润

28. 下列各项中，不属于利润分配的是（　）。

A. 提取法定盈余公积　　B. 提取任意盈余公积

C. 宣告分派优先股股利　　D. 结转应交所得税

29. 按照我国财务制度规定的税后利润分配的顺序，第一是（　）。

A. 弥补以前年度亏损　　B. 提取法定盈余公积

C. 向投资者分配利润　　D. 提取任意盈余公积

30. 某工业企业本期主营业务收入为200万元，主营业务成本为90万元，营业税金及附加10万元，其他业务收入为20万元，其他业务成本为10万元，管理费用为15万元，投资收益为30万元，所得税费用为30万元，假定不考虑其他因素，该企业本期营业利润为（　　）万元。

A. 65　　B. 95

C. 100　　D. 125

二、多项选择题

1. 下列有关收入的表述中，根据《企业会计准则——收入》的规定，正确的是（　　）。

A. 收入能够引起企业所有者权益的增加

B. 收入包括为第三方或客户代收的款项

C. 收入是从企业的日常经营活动中产生的

D. 收入是从企业的偶发的交易或事项中产生的

E. 收入可表现为企业资产的增加或负债的减少

2. 根据《企业会计准则——收入》的规定，下列项目中可以确认商品销售收入的是（　　）。

A. 规定有退货期，无法估计退货的可能性且退货期未满的商品销售

B. 收取手续费方式下委托代销商品，委托方收到代销清单的商品销售

C. 视同买断方式下发出委托代销商品

D. 预收款方式销售发出商品

E. 买方对商品质量问题仍负责任的商品销售

3. 下列各项中，属于收入的有（　　）。

A. 销售商品收入　　B. 提供劳务收入

C. 销售原材料收入　　D. 出租固定资产收入

E. 处置固定资产净收益

4. 按我国会计准则的规定，让渡资产使用权取得的收入主要包括（　　）。

A. 材料销售收入　　B. 贷款利息收入

C. 固定资产销售收入　　D. 广告费收入

E. 无形资产使用费收入

5. 按照我国《企业会计准则——收入》的规定，确认销售商品收入一般应具备下列条件（　　）。

A. 商品所有权上的主要风险和报酬已经转移

B. 企业没有保留通常与所有权相联系的继续管理权或控制权
C. 与交易相关的经济利益能够流入企业
D. 相关的收入和成本能够可靠地计量
E. 商品已经发出，货款已经收到

6. 下列各项中，可以确认收入的是（　　）。
A. 委托方收到代销清单的商品销售
B. 卖方对商品质量问题仍负有责任的商品销售
C. 退货期未满的试销商品销售
D. 仍对售出商品实施控制的商品销售
E. 受托方商品销售后，并向委托方开具代销清单

7. 下列各项中，属于管理费用核算的内容有（　　）。
A. 技术转让费　　B. 扩大商品销售相关的业务招待费
C. 车船使用税　　D. 公司广告费
E. 咨询费

8. 下列各项中，属于财务费用核算的内容有（　　）。
A. 溢价发行股票发生的手续费
B. 商业汇票贴现所得金额低于票面值的金额
C. 购货单位享受的现金折扣
D. 汇兑损失
E. 流动资金借款利息

9. 企业的期间费用包括（　　）。
A. 制造费用　　B. 管理费用
C. 销售费用　　D. 财务费用
E. 直接人工费用

10. 下列各项中，形成暂时性差异的有（　　）。
A. 资产的账面价值与其计税基础之间的差额
B. 负债的账面价值与其计税基础之间的差额
C. 资产的账面价值与负债的账面价值之间的差额
D. 资产的计税基础与负债计税基础之间的差额
E. 资产的计税基础与负债的账面价值之间的差额

11. 按照准则规定，在确认递延所得税资产时，可能计入的项目有（　　）。
A. 所得税费用　　B. 预计负债
C. 资本公积　　D. 应收账款
E. 应付职工薪酬

12. 下列各项中，将形成应纳税暂时性差异的有（　　）。

A. 资产的账面价值小于其计税基础
B. 负债的账面价值大于其计税基础
C. 资产的账面价值大于其计税基础
D. 负债的账面价值小于其计税基础
E. 资产的账面价值等于其计税基础

13. 下列项目中，会影响所得税费用的有（　　）。
A. 当期所得税　　B. 递延所得税资产
C. 递延所得税负债　　D. 未分配利润
E. 资本公积

14. 下列各项，属于营业外收入的（　　）。
A. 处置固定资产净收益　　B. 出售无形资产收益
C. 罚款净收入　　D. 债务重组收益
E. 接受捐赠的货币资金

15. 影响营业利润的因素是（　　）。
A. 投资收益　　B. 营业外收入
C. 主营业务成本　　D. 财务费用
E. 销售费用

16. 下列各项中，应在资产减值损失科目核算的是（　　）。
A. 坏账准备　　B. 固定资产减值准备
C. 无形资产减值准备　　D. 在建工程减值准备
E. 存货跌价准备

17. 下列各项中，属于财务费用核算内容的有（　　）。
A. 流动资金借款手续费　　B. 银行承兑汇票手续费
C. 给予购货方的商业折扣　　D. 计提的带息应付票据利息
E. 外币应收账款汇兑净损失

18. 下列各项中，属于营业外收入的是（　　）。
A. 非货币交易中发生的收益　　B. 出售无形资产净收益
C. 出租无形资产净收益　　D. 以固定资产对外投资方式的评估增值
E. 收到退回的增值税

19. 下列各项中，属于营业外支出的是（　　）。
A. 捐赠支出　　B. 离退休工资支出
C. 罚款支出　　D. 固定资产盘亏
E. 债务重组损失

20. 下列各项中，属于营业外支出的是（　　）。
A. 对外捐赠支出

B. 处理固定资产净损失

C. 违反经济合同的罚款支出

D. 因债务人无力支付欠款而发生的应收账款损失

E. 债务重组损失

21. 下列各项中，会引起企业利润总额增加的有（ ）。

A. 接受货币资金捐赠　　B. 对外销售产品，货款尚未收到

C. 投资净收益　　D. 收到先征后返的增值税

E. 技术转让收入

22. 下列各项中，影响营业利润的项目有（ ）。

A. 销售费用　　B. 管理费用

C. 投资收益　　D. 所得税费用

E. 公允价值变动损益

23. 下列会计科目中，年末应无余额的有（ ）。

A. 主营业务收入　　B. 营业外收入

C. 本年利润　　D. 利润分配

E. 资产减值损失

24. 下列各项中，应计入利润分配科目借方的有（ ）。

A. 提取法定盈余公积　　B. 应付现金股利

C. 本年亏损的结转　　D. 提取任意盈余公积

E. 应付股票股利

三、判断题

1. 商品所有权凭证或实物交付后，商品所有权上的主要风险和报酬也随之转移，因此，会计上应确认为收入。（ ）

2. 收入只包括本企业经济利益的流入，不包括为第三方或客户代收的款项。（ ）

3. 根据收入准则的规定，若与销售商品相关的成本不能可靠地计量，则不能确认该项销售商品收入。（ ）

4. 在采用视同买断方式代销商品时，受托方应在委托方交付商品时确认收入。（ ）

5. 凡发生销售退回，均应冲减退回月份的主营业务收入及相关成本和税金。（ ）

6. 企业的车间管理费用应作为期间费用处理。（ ）

7. 费用的发生最终会减少企业的所有者权益。（ ）

8. 为购建或生产满足资本化条件的资产而发生的、应予资本化的借款费用，

也应在财务费用账户进行核算。（ ）

9. 投资收益属于利润总额的内容，但不属于营业利润的内容。（ ）

10. 企业存货或固定资产发生盘亏时，均应作为营业外支出处理。（ ）

11. 企业当年实现的净利润即为企业当年可供分配的利润。（ ）

12. 按规定，企业在以前年度的亏损尚未弥补完，不得提取盈余公积。（ ）

13. “营业税金及附加”科目主要核算企业为取得营业收入而发生的增值税、营业税、消费税等。（ ）

14. 企业将应付账款划转出去或确定无法支付的应付账款，应直接转入“资本公积——其他资本公积”科目。（ ）

15. 递延所得税资产在资产负债表中就代表一项资产，也要计提资产减值准备。（ ）

16. 企业的所得税费用应按照当期所得税费用和递延所得税费用进行核算。（ ）

17. 企业的短期借款、应付票据、应付账款等负债的确认和偿还，通常不会对当期损益和应纳税所得额出售产生影响，即计税基础等于账面价值。（ ）

18. 我国企业会计准则规定，企业应采用资产负债表债务法核算所得税。（ ）

19. 资产的计税基础，是指企业收回资产的账面价值过程中，计算应纳税所得额时按照税法规定可以自应税经济利益中抵扣的金额。（ ）

20. 负债的计税基础，是指负债的账面价值减去未来期间计算应纳税所得额时按照税法规定可抵扣的金额。（ ）

四、计算与会计处理题

1. 甲公司是一般纳税人，增值税税率为17%，2008年12月发生下列业务：

(1) 与乙公司签定合同，预收该公司购货款300 000元（不含增值税），货物将于2008年2月20日发出。

(2) 销售200 000元的货物（不含增值税），商业折扣5%，同时收到现金。

(3) 销售500 000元的货物（不含增值税），货物已经交付采购商，对方承诺2009年1月份付款。

(4) 以托收承付方式向丙公司销售一批商品，价款60 000元（不含增值税），该批商品已经发出，并已向银行办妥托收手续。此时得知丙公司在某项交易中发生巨额损失，可能难以偿付该笔货款。

【要求】

(1) 根据上述业务判断何时确认收入。

(2) 编制会计分录。

2. A公司生产甲、乙两种产品，甲产品单位成本为200元，不含税售价250元，乙产品单位成本为150元，不含税售价200元，产品的增值税税率为17%，200×年12月发生下列业务：

(1) 2日，收到长江公司汇来的预付购货款30 000元。

(2) 2日，销售乙产品5 000件给黄河公司，商业折扣5%，付款条件2/30，n/90。

(3) 13日，销售给黄河公司甲产品400件，代垫运杂费6 250元，已向银行办理托收手续。

(4) 24日，发出长江公司预定的甲产品100件，代垫运杂费250元，余款退回。

(5) 25日，收到甲产品退货20件并支付了退货款。该货是本年11月份售出，因质量问题退回。当时每件售价300元。

(6) 30日，收到黄河公司支付的乙产品款项。

【要求】根据上述业务编制会计分录。

3. A企业与B企业签订代销协议，委托B企业代销商品一批，价款为100 000元，该批商品成本为80 000元。B企业实际销售时开具的增值税发票上注明售价140 000元，增值税税额为23 800元。

【要求】

(1) 按视同买断代销方式编制A、B公司的会计分录。

(2) 按收取手续费代销方式编制A、B公司的会计分录（手续费按代销价款的10%计算）。

4. 甲公司200×年年度决算时，各损益账户余额如表10-1所示。

表10-1　相关资料表　　单位：元

账户名称	借方余额	贷方余额
主营业务收入		3 100 000
其他业务收入		1 920 000
投资收益		240 000
营业外收入		92 000
主营业务成本	1 740 000	
营业税金及附加	20 000	
管理费用	17 000	
销售费用	30 000	
财务费用	80 000	
其他业务成本	1 220 000	
营业外支出	116 000	
所得税费用	552 000	

甲公司按 10%计提法定盈余公积，按 5%计提任意盈余公积金，并分配普通股现金股利 600 000 元。

【要求】

(1) 结转各损益类账户余额。

(2) 计算并结转本年净损益。

(3) 进行利润分配的账务处理，并结转利润分配各明细科目。

5. 甲公司 2008 年 12 月份发生如下的经济业务：

(1) 销售 C 产品 45 件，每件售价 1 000 元，增值税税率为 17%，每件单位成本为 700 元，款项已收存银行。

(2) 采用商业汇票方式销售 B 产品 50 件，每件售价 700 元，增值税税率为 17%，每件单位成本为 400 元。

(3) 销售 A 产品 100 件，每件售价 8 000 元，增值税税率为 17%，每件单位成本为 5 000 元，款项尚未收到。

(4) 以前月份销售的 A 产品本月退回 10 件，每件售价 8 000 元，货款已经通过银行退回。

(5) 本月发生管理费用 6 000 元，销售费用 5 000 元，财务费用 20 000 元，均用银行存款支付。

(6) 取得罚款净收入 20 000 元，款项存入银行。

(7) 本月固定资产盘亏净损失 18 000 元。

(8) 本月出售无形资产一项，该项无形资产账面余额为 100 000 元，累计摊销 20 000 元，出售收入 100 000 元，款项存入银行，营业税税率为 5%。

(9) 根据 1～8 项经济业务的发生额，计算营业利润、利润总额、所得税费用、净利润等指标（所得税税率为 25%）。

(10) 若本年度 1～11 月份共实现利润总额为 2 000 000 元，应交所得税 500 000元，再根据上述资料的计算结果，进行全年利润的分配，提取盈余公积 10%，分配现金股利 60%。

【要求】根据上述资料编制会计分录。

6. 甲公司发行在外的普通股 5 000 万股，每股面值 1 元，股东大会决议宣告：普通股股东每 10 股可分派现金股利 1.2 元，普通股股票每 10 股送 2 股，每股面值 1 元，市价为每股 3.2 元（假设无相关税费）。

【要求】编制股利分派的有关分录。

7. 甲公司 2008 年利润总额为 500 万元，所得税税率为 25%。2008 年 6 月购入一台设备，原值为 100 万元，按 10 年采用双倍余额递减法计提折旧，税法规定该类设备应采用直线法计提折旧，使用期限为 10 年，预计无残值。2008 年 12 月甲公司被税务局罚款 20 万元。

【要求】若2008年无其他影响递延所得税的业务发生，计算甲公司2008年所得税费用，并进行相应账务处理。

8. 甲公司所得税采用资产负债表债务法核算，2007年所得税税率为33%，2008年所得税税率为25%，2007年有关所得税会计资料如下：

（1）2007年度实现税前会计利润110万元。

（2）2007年11月，甲公司购入交易型金融资产，入账价值为40万元，年末按公允价值计价为55万元，按照税法规定，成本在持有期间保持不变。

（3）2007年12月末，甲公司将应计产品保修成本5万元确认为一项负债，按税法规定，产品保修费可在实际支付时在税前扣除。

（4）假设2007年初递延所得税资产和所得税负债的金额为0，除上述事项外，甲公司不存在其他与所得税计算缴纳相关的事项，暂时性差异在可预见的未来很可能转回，而且以后年度很可能获得用来抵扣可抵扣暂时性差异的应纳税所得额。

【要求】计算2007年应交所得税、确认2007年末递延所得税资产和递延所得税负债、计算2007年所得税费用，并进行所得税的会计处理。

9. 甲公司2008年所得税税率为25%，本年度与所得税有关的经济业务如下：

（1）2008年12月末，甲公司期末存货中有部分商品（账面余额为3000万元）发生了减值，甲公司对此计提了存货跌价准备200万元。按照税法规定，计提的资产减值准备不允许税前扣除，只能在实际发生损失时扣除。

（2）2006年12月，甲公司购入一台管理用电子设备，入账价值为3 000万元，预计使用年限5年，预计净残值为0。按年数总和法计提折旧。按照税法规定，应采用直线法计提折旧，预计使用年限和预计净残值与会计核算一致。

（3）2008年末，甲公司所持有的交易性证券的公允价值为600万元，其购入的成本为640万元，甲公司已按新准则的要求确认了相关的损失，将其计入了当期损益。按照税法规定，可以在税前抵扣的是其购入成本。

【要求】对上述业务事项，判断是否形成暂时性差异；如果是，请分析说明其对2008年12月31日资产负债表中递延所得税资产和递延所得税负债的影响。

10. 甲企业2008年12月31日利润表中的利润总额为1 000万元，该公司适用的所得税税率为25%。

2008年发生的有关交易和事项中，会计处理与税收处理存在的差别有：

（1）期末对持有的存货计提了10万元的存货跌价准备。

（2）某项交易性金融资产，成本为450万元，会计期末，其公允价值为550万元。

（3）2008年1月开始计提折旧的一项固定资产，会计按双倍余额递减法计提折旧，税法规定采用直线法计提折旧。设备取得成本为 80 万，预计使用年限为 10 年，预计净残值为零。

（4）向关联企业提供现金捐赠 20 万元。

（5）某项预计负债账面价值为 30 万元。

该企业 2008 年资产负债表相关项目账面价值及计税基础如表 10-2 所示。

表 10-2 相关资料表 单位：元

项目	账面价值	计税基础	暂时性差异	
			应纳税暂时性差异	可抵扣暂时性差异
存货	2 200 000	2 300 000		100 000
交易性金融资产	5 500 000	4 500 000	1 000 000	
固定资产	640 000	720 000		80 000
预计负债	300 000	0		300 000
合计			1 000 000	480 000

假定该企业 2009 年甲企业应交所得税为 500 万元，资产负债表中有关资产、负债的账面价值与计税基础如表 10-3 所示。

表 10-3 相关资料表 单位：元

项目	账面价值	计税基础	暂时性差异	
			应纳税暂时性差异	可抵扣暂时性差异
存货	3 500 000	4 100 000		600 000
交易性金融资产	5 700 000	5 600 000	100 000	
固定资产	512 000	640 000		128 000
预计负债	300 000	0		300 000
合计			100 000	1 028 000

【要求】进行甲企业 2008 年和 2009 年所得税会计的账务处理。

第十一章　租　　赁

一、单项选择题

1. 融资租赁中，承租人在租赁谈判和签订租赁合同过程中发生的印花税、佣金、律师费、差旅费、谈判费等，应计入（　　）中。

A. 固定资产价值　　B. 管理费用

C. 财务费用　　D. 销售费用

2. 某企业 2007 年 1 月 5 日租入全新的设备并交付使用，该设备的租赁期为 6 年，使用寿命为 9 年，租赁期满时企业将行使优惠购买选择权，同时转移设备的所有权。该设备的公允价值为 1 000 000 元，预计净残值为 10 000 元，最低租赁付款额的现值为 1 005 000 元。如果采用直线法对该设备计提折旧，则第一年应计提的折旧额为（　　）元。

A. 165 000　　B. 151 250

C. 110 000　　D. 100 833

3. 甲公司将一台设备以融资租赁方式租赁给乙公司。双方在租赁合同中规定，租赁期限 5 年，每半年年末支付租金 40 万元，乙公司的担保余值为 60 万元，与承租人和出租人均无关的保险公司担保余值为 40 万元。租赁期满，乙公司可以支付购买该设备的优惠购买价为 5 万元（预计远低于行使选择权时租赁资产的公允价值），则最低租赁付款额为（　　）元。

A. 505　　B. 400

C. 465　　D. 445

4. 甲公司将一台设备以经营租赁方式租赁给乙企业，租赁期为 15 个月，其中免租期为 3 个月，租金为 30 000 元，此外，甲公司还承担了乙方的费用 3 000 元，则甲公司每月应分摊的租金为（　　）元。

A. 2 200　　B. 2 000

C. 1 800　　D. 2 500

5. A 企业将一台大型专用设备以融资租赁方式租赁给 B 企业。双方合同中有以下内容：B 企业的子公司担保的资产余值为 50 万元，另外担保公司担保金额为 30 万元，租赁开始日估计租赁期届满时租赁资产余值为 100 万元。则对 B 企业而言，未担保余值为（　　）万元。

A. 50　　B. 70

C. 80　　D. 20

6. A 企业将一台大型专用设备以融资租赁方式租赁给 B 企业。最低租赁付款额为 320 万元。假定其现值为 270 万元，租赁开始日租赁资产的公允价值为 250 万元，则 B 企业应计入“未确认融资费用”科目的金额为（　　）万元。

A. 20　　B. 70

C. 50　　D. 0

7. 如果承租人或与承租人有关的第三方对租赁资产的余值进行了担保，则对承租人而言，租赁资产应计提的折旧总额为（　　）。

A. 租赁开始日的入账价值　　B. 租入资产的公允价值

C. 租赁开始日的入账价值减去担保余值　　D. 最低付款额

8. 如果承租人有权选择继续租赁该资产，而且在租赁开始日就可以合理确定承租人将会行使这种选择权，则（　　），续租期应包括在租赁期内。

A. 不论是否再支付租金　　B. 在支付租金的情况下

C. 在不支付租金的情况下　　D. 在租赁合同可撤销的情况下

9. 售后租回形成融资租赁的情况下，承租人每期确认未实现售后租回损益的方法为（　　）。

A. 在租赁期内平均确认　　B. 按计提折旧比例确认

C. 按租金支付比例确定认　　D. 按实际利率法

10. 在售后租回交易形成经营租赁，且在没有确凿证据表明售后租回交易是按照公允价值达成的情况下，对所售资产的售价与其账面价值之间的差额，应当采用的会计处理方法是（　　）。

A. 计入递延收益

B. 计入当期损益

C. 售价高于其账面价值的差额计入当期损益，反之计入递延收益

D. 售价高于其账面价值的差额计入递延收益，反之计入当期损益

二、多项选择题

1. 承租人在租赁中的最低租赁付款额包括（　　）。

A. 由承租人或与其有关的第三方担保的资产余值

B. 或有租金

C. 履约成本

D. 租赁期届满时，承租人未能续租或展期而造成的任何应由承租人支付的款项

E. 租赁期内承租人每期支付的租金

2. 通常情况下，在融资租赁中，承租人租入资产的入账价值包括（　　）。

A. 租赁开始日租赁资产的公允价值

B. 最低租赁付款额的现值

C. 发生的运杂费、安装费

D. 租赁开始日租赁资产的公允价值与最低租赁付款额的现值两者中较低者

3. 承租人在计算最低租赁付款额的现值选择折现率时，以下说明正确的是（ ）。

A. 承租人应首选出租人的租赁内含利率作为折现率

B. 如无出租人的租赁内含利率，可采用租赁合同规定的利率为折现率

C. 出租人的租赁内含利率及租赁合同规定的利率均无法取得时，承租人应当采用同期银行贷款利率作为折现率

D. 也可以承租人的预期报酬率作为折现率

E. 折现率的选取无先后顺序

4. 以下属于融资租赁确认的具体标准有（ ）。

A. 在租赁期届满时，租赁资产的所有权转移给出租人

B. 承担人有购买租赁资产的选择权，所订立的购价预计远低于行使选择权时租赁资产的公允价值

C. 租赁期占租赁资产使用寿命的大部分（≥75%）

D. 就承租人而言，租赁开始日最低租赁付款额的现值几乎相当于租赁开始日租赁资产公允价值（≥90%）

E. 租赁资产性质特殊，如果不作修改，只有出租人才能使用

5. 对于出租人而言，当未担保余值发生变化时，应当（ ）。

A. 若未担保余值减少，应重新计算租赁内含利率

B. 若未担保余值增加，应重新计算租赁内含利率

C. 若已确认损失的未担保余值得以恢复，应重新计算租赁内含利率

D. 若已确认损失的未担保余值得以恢复，不需重新计算租赁内含利率

E. 不论未担保余值增加减少，均不作任何处理

6. 承租人对融资租入的固定资产计提折旧时，应考虑的因素包括（ ）。

A. 租赁期　　B. 固定资产的使用寿命

C. 承租人的担保余值　　D. 与承租人有关的第三方的担保余值

E. 租赁期开始日固定资产的入账价值

7. 有关融资租赁下初始直接费用的处理，以下说法正确的有（ ）。

A. 承租人确认为当期费用　　B. 出租人确认为当期费用

C. 承租人计入租入资产价值　　D. 出租人计入应收融资租赁款

E. 承租人计入应付融资租赁款

8. 如果租赁合同规定没有优惠购买选择权，则承租人在租赁期内应支付或

可能被要求支付的各种款项包括（　　）。

A. 自租赁开始日起至优惠购买选择权行使之日止即整个租赁期内承租人每期支付的租金

B. 租赁期届满时，由承租人或与其有关的第三方担保的资产余值

C. 承租人行使优惠购买选择权而支付的任何款项

D. 租赁期届满时，承租人未能续租或展期而造成的任何应由承租人支付的款项

9. 下列说法错误的有（　　）。

A. 最低租赁付款额不包括或有租金和履约成本

B. 融资租赁是指资产所有权发生转移的租赁

C. 经营租赁是指除融资租赁之外的其他租赁

D. 承租人分摊未确认融资费用时，可以采用实际利率法，也可以采用直线法

E. 承租人和出租人在经营租赁下的初始直接费用均计入当期损益

10. 有关售后租回的业务中，下列说法正确的有（　　）。

A. 售后租回交易形成融资租赁，卖主（承租人）所发生的收益或损失不立即确认

B. 售后租回交易形成融资租赁，卖主（承租人）所发生的收益或损失应予立即确认

C. 售后租回交易形成经营租赁，卖主（承租人）所发生的收益或损失不立即确认

D. 售后租回交易形成经营租赁，(买主）出租人的会计处理同其他经营租赁业务没有区别

E. 售后租回交易形成融资租赁，(买主）出租人的会计处理同其他融资租赁业务没有区别

三、判断题

1. 承租人和出租人支付（收到）的或有租金，均是在实际发生时确认为当期费用（收入）。（　）

2. 经营租赁为了满足临时需要，并没有购置目的；融资租赁是以融资为主要目的，具有明显的购置特点。（　）

3. “担保余值”对承租人和出租人而言，所包含的内容是相同的。（　　）

4. 承租人在租赁开始日既可以按租赁资产公允价值与最低租赁付款额的现值两者中较低者作为租入资产的入账价值，也可按最低租赁付款额记录固定资产和长期应付款。（　）

5. 在租赁期开始日，承租人和出租人应当将租赁认定为融资租赁或经营租赁。( )

6. 如果出租人对经营租赁提供了免租期，承租人应将租金总额在扣除免租期后的期间内进行分摊。( )

7. 在经营租赁和融资租赁下，承租人发生的初始直接费用，均应当确认为管理费用，计入当期损益。( )

8. 如果售后租回交易形成经营租赁，卖主（即承租人）应将售价与资产账面价值之间的差额予以递延，并在租赁期内按照与确认租金费用相一致的方法进行分摊，作为租金费用的调整。( )

9. 如果有证据表明未担保余值已经发生减少，出租人应重新计算租赁内含利率，并将由此而引起的租赁投资净额的减少确认为当期损失，以后各期根据修正后的租赁投资净额和重新计算的租赁内含利率确定应确认的融资收入。( )

10. 如已确认损失的未担保余值得以恢复，出租人应在原先已确认的损失金额内转回，并重新计算租赁内含利率，以后各期根据修正后的租赁投资净额和重新计算的租赁内含利率确定应确认的融资收入。( )

四、计算与会计处理题

1. 2006 年 12 月 25 日，A 公司与 B 公司签订一租赁合同，合同主要条款如下：

(1) 租赁标的物：生产甲产品专用机床一台。

(2) 起租日：2007 年 1 月 1 日，即租赁物运抵 A 公司生产车间。

(3) 租赁期：2007 年 1 月 1 日至 2010 年 12 月 31 日，共 48 个月。

(4) 租金支付：自租赁开始日每隔 6 个月于月末支付租金 80 000 元。

(5) 该机器的保险、维护等费用均由 A 公司负担，估计每年约 5 000 元。

(6) 该机器在 2006 年 12 月 25 日的公允价值为 550 000 元。

(7) 租赁合同规定的利率为 3%（6 个月利率）。

(8) 该机器的使用寿命为 8 年，期满无残值。

(9) 租赁期届满，A 公司享有优惠购买该机器的选择权，购买价为 800 元，估计该日租赁资产的公允价值为 20 000 元。

(10) A 公司每年按该机器所生产的产品的年销售收入的 2%向 B 公司支付经营分享收入。

该项租赁资产不需要安装。A 公司因该租赁交易于 2006 年 12 月 20 日向某律师事务所支付选题费 20 000 元。A 公司 2007 年度、2008 年度、2009 年度使用该机器所生产的产品的年销售收入分别为 100 000 元、120 000 元、150 000 元和 200 000 元。

【要求】

(1) 判断A公司的租赁类型。

(2) 编制A公司相关的会计分录。A公司的固定资产折旧方法为年限平均法。

(3) 如B公司为签订该项租赁合同发生初始直接费用10 000元，已用银行存款支付。租赁开始日该设备在B公司的账面价值为540 000元。编制B公司相关的会计分录。

2. 2006年12月25日，A公司将一台生产甲产品的专用机床按550 000元的价格卖给B公司，该机床的账面原值为600 000元，已提折旧90 000元，同时向B公司签订了一份租赁合同将机床租回，该合同的条款如上题。

【要求】

(1) 判断A公司的租赁类型。

(2) 编制A公司相关的2006年12月25日的会计分录。

第十二章 债务重组

一、单项选择题

1. 我国债务重组准则规定，债权人进行债务重组时发生的债务重组损失应借记的账户为（　　）。

A. 营业外支出　　B. 资本公积

C. 其他业务支出　　D. 管理费用

2. 我国债务重组准则规定，债务人进行债务重组时获得的债务重组利益应贷记的账户为（　　）。

A. 营业外收入　　B. 资本公积

C. 其他业务收入　　D. 主营业务收入

3. 债务重组日是债务重组的（　　）日。

A. 开始　　B. 发生

C. 完成　　D. 从开始到完成的一段日期

4. 债务人以修改其他债务条件进行债务重组的，如果修改后的条款涉及或有收益，债权人应将实际收到的或有收益贷记的账户为（　　）。

A. 资本公积　　B. 营业外收入

C. 应收账款　　D. 其他业务收入

5. 债务人以债务转为资本清偿债务时，债务人发生的印花税应在发生时借记的账户为（　　）。

A. 长期股权投资　　B. 实收资本

C. 管理费用　　D. 营业外支出

6. 修改债务条件的，债务人在修改债务条件后债务的入账价值为（　　）。

A. 公允价值　　B. 账面价值

C. 可变现净值　　D. 未来现金流量的现值

7. 债务人以投资偿债的，债务人应将重组债务的账面价值与转让投资的公允价值和相关税费之和的差额计入的账户为（　　）。

A. 投资收益　　B. 营业外收入

C. 资本公积　　D. 股本

8. 债务人以投资偿债的，债务人应将长期股权投资的公允价值和账面价值的差额计入的账户为（　　）。

A. 投资收益　　B. 营业外收入

C. 资本公积　　D. 股本

9. 债务人以存货偿债的，债权人计入“营业外支出”账户的金额为（　　）。

A. 重组债权的公允价值与受让的存货的公允价值之间的差额

B. 重组债权的公允价值与受让的存货的账面价值之间的差额

C. 重组债权的账面价值与受让的存货的公允价值之间的差额

D. 重组债权的账面价值与受让的存货的账面价值之间的差额

10. 以修改其他债务条件进行债务重组的，或有应付金额没有发生的，企业应当冲销已经确认的预计负债，同时确认（　　）。

A. 投资收益　　B. 资本公积

C. 营业外收入　　D. 其他业务收入

二、多项选择题

1. 债务重组可能发生在债务（　　）。

A. 到期前　　B. 到期日

C. 到期后　　D. 没发生时

2. 债务重组的方式包括（　　）。

A. 以资产清偿债务　　B. 债务转为资本

C. 修改其他债务条件　　D. 混合重组方式

3. 在混合重组方式下，重组双方在进行会计处理时，应考虑的顺序依次为（　　）。

A. 以非现金资产清偿债务　　B. 债务转为资本

C. 修改其他债务条件　　D. 以低于债务账面价值的现金清偿债务

4. 债务人在会计报表附注中应披露的债务重组信息包括（　　）。

A. 债务重组方式

B. 或有应付金额

C. 确认的债务重组利得总额

D. 将债务转为资本所导致的股本或实收资本的增加额

E. 债务重组中转让的非现金资产的公允价值、由债务转成的股份的公允价值和修改其他债务条件后债务的公允价值的确定方法及依据

5. 债权人在会计报表附注中应披露的债务重组信息包括（　　）。

A. 债务重组方式

B. 或有应收金额

C. 确认的债务重组损失总额

D. 债权转为股份所导致的投资增加额及该投资占债务人股份总额的比例

E. 债务重组中受让的非现金资产的公允价值、由债权转成的股份的公允价值和修改其他债务条件后债权的公允价值的确定方法及依据

6. 债务人以混合重组方式偿债时，债务人会计处理的顺序依次为（ ）。

A. 按照修改其他债务条件进行债务重组时的原则进行会计处理

B. 以支付的现金冲减重组债务的账面价值

C. 债权人享有的股权的公允价值冲减重组债务的账面价值

D. 以转让的非现金资产的公允价值冲减重组债务的账面价值

7. 债务人以固定资产偿债时，关于其会计处理的下列说法中，正确的有（ ）。

A. 直接贷记“固定资产”账户

B. 如果该固定资产提取了减值准备，债务人还应结转该固定资产提取的减值准备

C. 债务人应将用于偿债的固定资产公允价值和账面价值的差额，计入营业外收入或营业外支出

D. 债权人应将公允价值作为固定资产的入账价值

8. 债务人以债务转为资本清偿债务时，关于其会计处理的下列说法中，正确的有（ ）。

A. 债务人发生的印花税等相关费用应在发生时计入当期损益

B. 债务人应将重组债务的账面价值与债权人因放弃债权而享有的股权的公允价值之间的差额作为重组收益，确认为当期损益

C. 债权人应将享有的股权的公允价值确认为长期股权投资

D. 债权人应当将享有的股份的公允价值确认为长期股权投资，重组债权的账面价值与股权的公允价值之间的差额，应先冲减重组债权已经提取的减值准备，减值准备不足以冲减的部分再作为债务重组损失，计入当期损益

9. 以修改债务条件进行债务重组的，关于其会计处理的下列说法中，正确的有（ ）。

A. 债务人应当将修改其他债务条件后债务的公允价值作为重组后债务的入账价值，重组债务的账面价值与重组后债务的入账价值之间的差额，计入当期损益

B. 债权人应当将修改其他债务条件后债权的公允价值作为重组后债权的账面价值，重组债权的账面余额与重组后债权的账面价值之间的差额，应先冲减重组债权已经提取的减值准备，减值准备不足以冲减的部分再作为债务重组损失，计入当期损益

C. 修改后的债务条款中涉及或有应收金额的，债权人不应当确认或有应收金额，不得将其计入重组后债权的账面价值

D. 以修改其他债务条件进行债务重组的，如果修改后的条款涉及或有应付金额，且该或有应付金额符合或有事项中有关预计负债确认条件的，则债务人应将或有应付金额确认为预计负债

10. 债务人以非现金资产偿债的，关于其会计处理的下列说法中，正确的有（　　）。

A. 债务人应将重组债务的账面价值与转出的非现金资产的公允价值和相关税费之和的差额作为重组收益，确认为当期损益

B. 债权人应当对受让的非现金资产按其公允价值入账，重组债权的账面余额与受让的非现金资产公允价值之间的差额，应先冲减重组债权已经提取的减值准备，减值准备不足以冲减的部分再作为债务重组损失，计入当期损益

C. 债权人在进行债务重组时收到多项非现金资产的，应按照各项非现金资产的公允价值占非现金资产公允价值总额的比例来分配入账价值

D. 债权人在进行债务重组时收到多项非现金资产的，应按照各项非现金资产的账面价值占非现金资产账面价值总额的比例来分配入账价值

三、判断题

1. 债务重组准则规定，以现金清偿债务的，债务人应将重组债务的账面价值与实际支付现金之间的差额，计入资本公积。（　）

2. 债务重组准则规定，以修改其他债务条件进行债务重组的，如果修改后的条款涉及或有收益的，则债权人应将或有收益包括在将来应收金额中。（　）

3. 债务重组准则规定，以修改其他债务条件进行债务重组的，如果修改后的条款涉及或有应付金额，且该或有应付金额符合或有事项中有关预计负债确认条件的，则债务人应将或有应付金额确认为预计负债。（　）

4. 债务转为资本时，债务人应将债权人因放弃债权而享有股份的面值总额确认为股本；股份的公允价值总额与股本之间的差额作为营业外收入。（　）

5. 债务人以非现金资产偿债时，债权人在受让非现金资产时，应按受让的非现金资产的账面价值计量。（　）

6. 债务人以存货偿债的，债务人应将存货作为销售处理，按其公允价值确认商品销售收入，同时结转商品销售成本。（　　）

7. 当债务人用库存商品清偿债务时，债务重组日指的是债务人将商品运抵债权人并办理完债务解除手续的当日。（　）

8. 当债务人通过债务转为资本的方式清偿债务时，债务重组日指的是债务人办妥增资手续，并向债权人出具增资手续的当日。（　　）

9. 债务人用固定资产偿债的，固定资产公允价值和账面价值之间的差额，计入资本公积。（　　）

10. 将债务转为资本的，债权人应当将享有的股份的公允价值确认为对债务人的投资，重组债权的账面余额与股份的公允价值之间的差额，应先冲减重组债权已经提取的减值准备，减值准备不足以冲减的部分再作为债务重组损失，计入当期损益。（ ）

四、计算与会计处理题

1. 资料：2006 年 2 月 1 日，A 企业将商品赊销给 B 企业，A 企业开具的增值税专用发票上注明：售价 285 000 元，增值税税率 17%，销项税额 48 450 元；2007 年 9 月 15 日，B 企业尚未归还上述款项，双方协议进行债务重组，A 企业同意减免 B 企业 35 000 元债务，余额用现金立即偿债。已知 A 企业未对该债权提取坏账准备。

【要求】 编制债务重组双方的会计分录。

2. 资料：2007 年 2 月 8 日，A 企业销售商品给 B 企业，含税价为 35.802 万元，款项未收。2007 年 6 月 18 日，双方进行债务重组，B 企业用自己生产的产品偿债。B 企业用于偿债的产品生产成本为 23.8 万元，市场价值为 27.2 万元。已知双方适用的增值税税率为 17%，A 企业已经为该债权计提了坏账准备 4 080 元；B 企业已经为用于偿债的产品计提了存货跌价准备 3 060 元。

【要求】 编制债务重组双方的会计分录。

3. 资料：2007 年 4 月 1 日，A 公司销售商品给 B 公司，含税价 28.5 万元，收到 B 公司签发的商业承兑汇票一张，面值 28.5 万元，年利率 3%，期限 6 个月。2007 年 10 月 8 日，双方进行债务重组，B 公司用一台设备偿债。该设备原值 29 万元，累计折旧 5 万元，公允价值 26 万元。偿债时发生清理费用 600 元。已知该固定资产已提减值准备 2 万元。A 公司未对该债权提取坏账准备。

【要求】 编制债务重组双方的会计分录。

4. 资料：A 公司于 2007 年 1 月 8 日，销售商品给 B 公司，含税价 70.4 万元，款项未收。2007 年 9 月 12 日双方进行债务重组，B 公司用自己拥有的专利权偿债，已知该专利权原值 100 万元，累计摊销 21 万元，已经提取减值准备 13.2 万元，公允价值 70 万元，营业税税率 5%（B 公司转让无形资产需要按照公允价值缴纳营业税）。

【要求】 编制债务重组双方的会计分录。

5. 资料：2007 年 6 月 20 日，A 公司销售商品给 B 公司，含税价 103.5 万元。2008 年 6 月 15 日双方进行债务重组，B 公司用其拥有的长期股权投资偿债，已知长期股权投资的账面价值为 110.4 万元，计提的减值准备为 34.5 万元，公允价值为 78 万元。B 公司转让该长期股权投资时发生相关费用 3 680 元。已知 A 公司已为该债权计提了 18.4 万元的坏账准备。假定不考虑其他相关税费。

【要求】编制债务重组双方的会计分录。

6. 资料：2007 年 2 月 9 日，A 公司销售商品给 B 公司（股份有限公司），含税售价 42 万元，收到 B 公司签发的商业承兑汇票一张，面值 42 万元，年利率 4%，期限 6 个月。2007 年 8 月 10 日，双方进行债务重组，B 公司用其普通股抵偿该票据。已知 B 公司用于抵偿债务的普通股为 16 万股，面值为 1 元/股，市价为 2.5 元/股，印花税税率 2‰。

【要求】编制债务重组双方的会计分录。

7. 资料：A 公司 2007 年 2 月 6 日销售商品给 B 公司，含税售价 62 400 元，收到 B 公司签发的商业承兑汇票一张，面值 62 400 元，票面利率 6%，期限 6 个月。2007 年 8 月 6 日，票据到期时，B 公司支付了该票据的利息 1 872 元，但无力支付票据面值。于是双方协商进行债务重组，A 公司同意将债务期限延长一年，并减少本金 10 400 元，债务延长期间不计算利息。

【要求】编制债务重组双方的会计分录。

8. 资料：2006 年 3 月 16 日，A 公司销售商品给 B 公司，增值税专用发票注明：售价 54 万元，税率 17%，销项税额 9.18 万元，款项未收。2007 年 8 月 12 日，双方进行债务重组，A 公司同意豁免 B 公司债务 18 万元，余款于 2007 年 12 月 12 日付清，债务延长期限为 4 个月，每月加收余款 2%的利息，利息和本金一起支付。已知 A 公司未对该应收账款计提坏账准备。

【要求】编制债务重组双方的会计分录。

9. 资料：假设资料 8 中，重组协议增加一项条款，如果 B 公司从第二个月开始盈利，则从第二个月起月利率改为 3%，如果未实现盈利，则利率仍维持 2%，其余不变。另外假定 B 公司从第二个月起实现了盈利。

【要求】编制债务重组双方的会计分录。

10. 资料：假设资料 9 中，B 公司从第二个月起没有实现盈利，仍然亏损，利率仍保持 2%不变。

【要求】编制债务重组双方的会计分录。

11. 资料：2007 年 1 月 10 日，A 公司销售商品给 B 公司，增值税专用发票注明：售价 40 万元，增值税税率 17%，销项税额 6.8 万元，款项未收。2007 年 12 月 10 日，双方协商进行债务重组，A 公司同意 B 公司支付 9 万元银行存款，余款用一台设备立即偿还。该设备原值 29 万元，累计折旧 9 万元，公允价值 21 万元。

【要求】编制债务重组双方的会计分录。

12. 资料：2007 年 2 月 10 日，A 公司销售商品给 B 公司，含税售价 57.8 万元，款项未收。2007 年 10 月 14 日，双方协商进行债务重组，B 公司支付现金 3 万元，以一台机器偿还一部分余款，另一部分余款转为资本。已知该机器原值

30 万元，累计折旧 12 万元，公允价值 19.5 万元；A 公司获得 B 公司 6%的股权，取得投资份额 34 万元。另外已知股权的公允价值为 35 万元，B 公司为股份有限公司。

【要求】 编制债务重组双方的会计分录。

13. 资料：2006 年 8 月 10 日，A 公司销售商品给 B 公司，含税售价 36 万元，款项未收。2007 年 6 月 4 日，双方进行债务重组，B 公司首先支付银行存款 4 万元；其次以一台设备偿还部分余款，已知设备原值 15 万元，累计折旧 6 万元，公允价值 10 万元。然后用转为资本的方式再偿还部分余款，获得份额 12 万元，已知该股权的公允价值 16 万元；最后 B 公司将 45 000 元的款项延长至 2007 年 12 月 31 日偿还，剩余的 15 000 元款项予以豁免。

【要求】 编制债务重组双方的会计分录。

第十三章　非货币性资产交换

一、单项选择题

1. 下列项目中属于非货币性资产的是（　　）。

A. 应收账款　　B. 持有至到期投资

C. 存货　　D. 其他货币资金

2. 下列项目中属于货币性资产的是（　　）。

A. 在建工程　　B. 无形资产

C. 应收票据　　D. 应付账款

3. 对支付补价方而言，非货币性资产交换的判断标准是（　　）。

A. 支付的补价/换出资产的公允价值＜25％

B. 支付的补价/（换出资产的公允价值＋支付的补价）＜25％

C. 支付的补价/换出资产的公允价值≥25％

D. 支付的补价/（换出资产的公允价值＋支付的补价）≥25％

4. 对收到补价方而言，非货币性资产交换的判断标准是（　　）。

A. 收到的补价/换出资产的公允价值＜25％

B. 收到的补价/（换出资产的公允价值＋收到的补价）＜25％

C. 收到的补价/换出资产的公允价值≥25％

D. 收到的补价/（换出资产的公允价值＋收到的补价）≥25％

5. 符合商业实质且公允价值能够可靠计量条件的非货币性资产交换的计价依据为（　　）。

A. 账面价值　　B. 公允价值

C. 账面价值或公允价值　　D. 账面价值和公允价值

6. 非货币性资产交换未同时满足以下两个条件时，第一，该资产交换具有商业实质；第二，换入资产或换出资产的公允价值能够可靠地计量。作为换入资产成本的依据为（　　）。

A. 公允价值和应支付的相关税费　　B. 账面价值和应支付的相关税费

C. 公允价值　　D. 账面价值

7. 下列项目中，决定非货币性资产交换是采用账面价值还是公允价值计价的关键是（　　）。

A. 资产交换是否具有商业实质

B. 资产交换是否收付补价

C. 资产交换时公允价值能否可靠地计量

D. 资产交换时账面价值能否可靠地计量

8. 区分货币性资产和非货币性资产的依据是：资产在将来为企业带来的经济利益，即货币金额是否是（ ）。

A. 固定的　　B. 可确定的

C. A或B　　D. A和B

9. 非货币性资产交换不涉及或只涉及少量的货币性资产，判断依据是（ ）。

A. 15%　　B. 20%

C. 25%　　D. 10%

10. 换出资产为长期股权投资的，换出资产公允价值和换出资产账面价值的差额，计入（ ）。

A. 营业外收入　　B. 营业外支出

C. 投资收益　　D. A或B

二、多项选择题

1. 企业进行非货币性资产交换时，应在会计报表附注中披露如下非货币性资产交换信息（ ）。

A. 换入资产成本的确定方式

B. 非货币性资产交换确认的损益

C. 换入资产、换出资产的公允价值以及换出资产的账面价值

D. 换入资产、换出资产的类别

2. 下列资产中，属于非货币性资产的有（ ）。

A. 股权投资　　B. 不准备持有至到期的债券投资

C. 其他应收款　　D. 存货

3. 下列资产中，属于货币性资产的有（ ）。

A. 持有至到期投资　　B. 长期股权投资

C. 应收股利　　D. 其他货币资金

4. 按照非货币性资产交换准则，符合商业实质且公允价值能够可靠计量的非货币性资产交换，换入资产的入账价值为（ ）。

A. 非货币性资产交换不涉及补价时，换入资产的入账价值等于换出资产的账面价值加上相关税费

B. 非货币性资产交换不涉及补价时，换入资产的入账价值等于换出资产的公允价值加上相关税费

C. 非货币性资产交换涉及补价时，换入资产的入账价值等于换出资产的账

面价值加上相关税费，减去收到的补价

D. 非货币性资产交换涉及补价时，换入资产的入账价值等于换出资产的公允价值加上相关税费，减去收到的补价

5. 按照非货币性资产交换准则，不符合商业实质或公允价值不能够可靠计量的非货币性资产交换，换入资产的入账价值为（　）。

A. 非货币性资产交换不涉及补价时，换入资产的入账价值等于换出资产的账面价值加上相关税费

B. 非货币性资产交换不涉及补价时，换入资产的入账价值等于换出资产的公允价值加上相关税费

C. 支付补价方应以换出资产的账面价值加上相关税费，再加上支付的补价，作为换入资产的入账价值

D. 支付补价方应以换出资产的公允价值加上相关税费，再加上支付的补价，作为换入资产的入账价值

6. 在不涉及补价的条件下，非货币性资产交换的会计处理原则包括（　）。

A. 若以公允价值计价，以换出资产的公允价值加上应支付的相关税费，作为换入资产的入账价值，换出资产公允价值与其账面价值之间的差额，直接计入当期损益

B. 若以公允价值计价，以换出资产的公允价值加上应支付的相关税费，作为换入资产的入账价值，换出资产公允价值与其账面价值之间的差额，直接计入资本公积

C. 若以账面价值计价，以换出资产的账面价值加上应支付的相关税费，作为换入资产的入账价值，不涉及损益

D. 若以账面价值计价，以换出资产的账面价值加上应支付的相关税费，作为换入资产的入账价值，换入资产入账价值与换出资产账面价值之间的差额，直接计入当期损益

7. 在涉及补价的条件下，非货币性资产交换的会计处理原则包括（　）。

A. 支付补价的，若以公允价值计价，以换出资产的公允价值加上补价和应支付的相关税费，作为换入资产的入账价值，换出资产公允价值与其账面价值之间的差额，直接计入当期损益

B. 收到补价的，若以公允价值计价，以换出资产的公允价值减去补价再加上应支付的相关税费，作为换入资产的入账价值，换出资产公允价值与其账面价值之间的差额，直接计入当期损益

C. 支付补价的，若以账面价值计价，以换出资产的账面价值加上补价和应支付的相关税费，作为换入资产的入账价值，不涉及损益

D. 收到补价的，若以账面价值计价，以换出资产的账面价值减去补价和应

支付的相关税费，作为换入资产的入账价值，不涉及损益

8. 非货币性资产交换同时满足以下条件时，应当以公允价值和应支付的相关税费作为换入资产的成本（ ）。

A. 该资产交换具有商业实质

B. 换入资产或换出资产的公允价值能够可靠地计量

C. 该资产交换不具有商业实质

D. 换入资产或换出资产的公允价值不能够可靠地计量

9. 满足下列条件之一的非货币性资产交换具有商业实质（ ）。

A. 换入资产的未来现金流量在风险、时间和金额方面与换出资产显著不同

B. 换入资产与换出资产的预计未来现金流量现值不同，且其差额与换入资产和换出资产的公允价值相比是重大的

C. 换入资产的未来现金流量在风险、时间和金额方面与换出资产显著相同

D. 换入资产与换出资产的预计未来现金流量现值相同，且其差额与换入资产和换出资产的公允价值相比是非重大的

10. 符合下列条件之一的，表明换入资产或换出资产的公允价值能够可靠地计量（ ）。

A. 换入资产或换出资产存在活跃市场

B. 换入资产或换出资产不存在活跃市场

C. 换入资产或换出资产不存在活跃市场，但同类或类似资产存在活跃市场

D. 换入资产或换出资产不存在同类或类似资产的可比市场资产交换，应当采用估值技术确定其公允价值

三、判断题

1. 非货币性资产交换是指用非货币性资产进行的交换，这种交换不涉及货币性资产。（ ）

2. 货币性资产指的是货币资金，包括库存现金、银行存款和其他货币资金。（ ）

3. 区分货币性资产和非货币性资产的依据是：资产是否能在将来给企业带来货币资金。（ ）

4. 进行非货币性资产交换的双方都不能确认收益。（ ）

5. 企业进行非货币性资产交换时，如果涉及补价，则双方应首先根据20%的判断标准确认该资产交换是否属于非货币性资产交换。（ ）

6. 在非货币性资产交换时，换入多项资产的应当按照换入各项资产的公允价值占换入资产公允价值总额的比例，对换入资产的成本总额进行分配，确定各项换入资产的成本。（ ）

7. 非货币性资产交换不具有商业实质，或者虽具有商业实质但换入资产的公允价值不能可靠计量的，应当按照换入各项资产的原账面价值占换入资产原账面价值总额的比例，对换入资产的成本总额进行分配，确定各项换入资产的成本。（　　）

8. 非货币性资产交换不涉及或只涉及少量的货币性资产。（　　）

9. 进行非货币性资产交换时，双方发生的损益可通过利润表中的“营业外收入”和“营业外支出”项目来反映。（　　）

10. 企业进行非货币性资产交换时，如果涉及补价，则双方均应首先根据25%的判断标准确认该资产交换是否属于非货币性资产交换。（　　）

四、计算与会计处理题

1. 资料：A公司用锻压设备换入B公司车床，换入的车床作为固定资产管理，B公司换入的锻压设备亦作为固定资产管理。已知A公司锻压设备原值42.5万元，累计折旧15万元，公允价值26万元；B公司车床原值34万元，累计折旧6万元，公允价值26万元。双方用于交换的资产公允价值相等，所以不涉及补价。另外已知资产交换过程中，A公司为了运输车床发生运费600元，B公司为了运输锻压设备发生运费400元。

【要求】

（1）假设资产交换具有商业实质，双方的公允价值可靠，编制A、B公司的会计分录。

（2）假设资产交换双方的公允价值均不可靠，不具有商业实质，编制A、B公司的会计分录。

2. 资料：如果资料1中A公司锻压设备已提减值准备252 00元，B公司车床已提减值准备21 000元，其余不变。

【要求】

（1）假设资产交换具有商业实质，双方的公允价值可靠，编制A、B公司的会计分录。

（2）假设资产交换双方的公允价值均不可靠，不具有商业实质，编制A、B公司的会计分录。

3. 资料：A公司以持有的C公司长期股票投资换B公司设备，换入的设备作固定资产管理。资产交换日，A公司长期股权投资账面原值79 800元，已提减值准备13 300元，账面净值66 500元，公允价值69 160元。另外已知B公司设备原值930 500元，累计折旧31 920元，公允价值69 160元。

【要求】

（1）假设资产交换具有商业实质，双方的公允价值可靠，编制A、B公司的会计分录。

（2）假设资产交换双方的公允价值均不可靠，不具有商业实质，编制A、B公司的会计分录。

4. 资料：A公司用库存商品照相机换B公司库存商品空调，A公司换入的空调做固定资产管理；B公司换入的照相机做库存商品管理。已知A公司照相机账面价值2 160元，公允价值2 700元；B公司空调账面价值3 500元，公允价值2 700元。另外已知双方适用的增值税税率17%，计税价格为公允价值。

【要求】

（1）假设资产交换具有商业实质，双方的公允价值可靠，编制A、B公司的会计分录。

（2）假设资产交换双方的公允价值均不可靠，不具有商业实质，编制A、B公司的会计分录。

5. 资料：A公司用甲设备换B公司的乙设备，双方换入的设备都作为固定资产管理。在交换日，A公司甲设备的原值12.6万元，累计折旧1.4万元，公允价值9.6万元；B公司乙设备的原值14万元，累计折旧2.1万元，公允价值12.4万元。因为A公司所拥有的甲设备的公允价值比B公司拥有的乙设备的公允价值小2.8万元，所以A公司向B公司支付补价2.8万元。在交换过程中，A公司为了运输乙设备发生运费560元，B公司为了运输甲设备发生运费420元。

【要求】

（1）假设资产交换具有商业实质，双方的公允价值可靠，编制A、B公司的会计分录。

（2）假设资产交换双方的公允价值均不可靠，不具有商业实质，编制A、B公司的会计分录。

6. 资料：A公司用解放、东方卡车换B公司的吊车、压路机。在交换日，A公司的解放卡车原值16.2万元，累计折旧6.3万元，公允价值12万元；A公司的东方卡车原值8.2万元，累计折旧2.6万元，公允价值7.5万元，A公司换出资产的公允价值总额为19.5万元。B公司的吊车原值17.5万元，累计折旧7.8万元，公允价值8.5万元；B公司的压路机原值13万元，累计折旧4.5万元，公允价值11万元，B公司换出资产的公允价值总额为19.5万元。

【要求】

（1）假设资产交换具有商业实质，双方的公允价值可靠，编制A、B公司的会计分录。

（2）假设资产交换双方的公允价值均不可靠，不具有商业实质，编制A、B公司的会计分录。

7. 资料：A公司用厂房、车床换B公司奔驰、马自达。在交换日，A公司厂房原值 87.5 万元，累计折旧 26.25 万元，公允价值 70 万元；A 公司车床原值 35 万元，累计折旧 15.75 万元，公允价值 14 万元，A 公司换出资产的公允价值总额为 84 万元。B 公司奔驰原值 95 万元，累计折旧 18 万元，公允价值 80 万元；B 公司马自达原值 14 万元，累计折旧 2 万元，公允价值 13 万元，B 公司换出资产的公允价值总额为 93 万元。由于 A 公司换出资产的公允价值总额比 B 公司换出资产的公允价值总额小 9 万元，所以 A 公司向 B 公司支付补价 9 万元。

【要求】

（1）假设资产交换具有商业实质，双方的公允价值可靠，编制 A、B 公司的会计分录。

（2）假设资产交换双方的公允价值均不可靠，不具有商业实质，编制 A、B 公司的会计分录。

第十四章　会计政策、会计估计变更与会计差错更正

一、单项选择题

1. 企业变更会计估计后进行会计处理时，应采用的方法为（　　）。

A. 追溯调整法　　B. 未来适用法

C. A 或 B　　D. A 和 B

2. 企业本期发现的属于本期的会计差错，应调整（　　）的相关项目。

A. 前期　　B. 本期

C. 后期　　D. 本期和后期

3. 下列项目中，不属于会计政策的是（　　）。

A. 所得税的核算　　B. 借款费用的处理

C. 坏账损失的核算　　D. 权责发生制

4. 会计实务中，如果不易分清会计政策变更和会计估计变更，则应按照（　　）进行会计处理。

A. 会计政策变更　　B. 会计估计变更

C. 会计差错更正　　D. 不进行会计处理

5. 通常某项交易或事项的金额占该类交易或事项金额的（　　）及以上，则认为金额比较大。

A. 10%　　B. 20%

C. 50%　　D. 15%

6. 会计政策变更的累积影响数是指（　　）。

A. 按照变更后的会计政策对以前各期追溯计算的列报前期最早期初留存收益的应有金额

B. 按照变更后的会计政策对以前各期追溯计算的列报前期最早期初留存收益的现有金额

C. 按照变更后的会计政策对以前各期追溯计算的列报前期最早期初留存收益应有金额与现有金额之和

D. 按照变更后的会计政策对以前各期追溯计算的列报前期最早期初留存收益应有金额与现有金额之间的差额

7. 未来适用法，是指将变更后的会计政策应用于（　　）。

A. 变更日及以后发生的交易或者事项

B. 变更日发生的交易或者事项

C. 变更日以后发生的交易或者事项

D. 变更日以前发生的交易或者事项

8. 会计估计，是指企业对其结果不确定的交易或事项（　　）。

A. 以最近可利用的信息为基础所作的判断

B. 以会计准则为基础所作的判断

C. 以未来可利用的信息为基础所作的判断

D. 以会计制度为基础所作的判断

9. 对于会计估计的变更，企业应采用的会计处理方法为（　　）。

A. 追溯调整法　　B. 未来适用法

C. 红字更正法　　D. 补充登记法

10. 在会计实务中，如果不易分清会计政策变更和会计估计变更，则应按（　　）。

A. 会计估计变更进行会计处理　　B. 会计政策变更进行会计处理

C. A和B　　D. A或B

二、多项选择题

1. 会计政策是指企业在会计确认、计量和报告中所采用的（　　）。

A. 原则　　B. 基础

C. 会计处理方法　　D. 计量方式

2. 企业更正前期差错时，应在会计报表附注中披露的内容包括（　　）。

A. 前期差错的性质

B. 各个列报前期财务报表中受影响的项目名称和更正金额

C. 无法进行追溯重述的，说明该事实和原因以及对前期差错开始进行更正的时点、具体更正情况

D. 前期差错的原因

3. 企业变更会计估计时，应在会计报表附注中披露的内容包括（　　）。

A. 会计估计变更的内容和原因

B. 会计估计变更对当期和未来期间的影响数

C. 会计估计变更的影响数不能合理确定的，披露这一事实和原因。

D. 会计估计变更的日期

4. 企业变更会计政策时，应在会计报表附注中披露的内容包括（　　）。

A. 会计政策变更的性质、内容和原因

B. 当期和各个列报前期财务报表中受影响的项目名称和调整金额

C. 无法进行追溯调整的，说明该事实和原因以及开始应用变更后的会计政策的时点、具体应用情况。

D. 累积影响数不能合理确定的理由

5. 下列项目中，属于会计政策的有（ ）。

A. 借款费用的处理　　B. 发出存货成本的计量

C. 收入确认　　D. 长期股权投资的后续计量

6. 会计政策，是指企业在会计确认、计量和报告中所采用的（ ）。

A. 原则　　B. 基础

C. 会计处理方法　　D. 假设

7. 追溯调整法的运用步骤依次为（ ）。

A. 进行相关的账务处理

B. 调整会计报表相关项目

C. 计算确定会计政策变更的累积影响数

D. 在报表附注中加以说明

8. 通常，企业可能由于以下原因而发生会计估计变更（ ）。

A. 赖以进行估计的基础发生了变化

B. 取得了新的信息，积累了更多的经验

C. 法律、行政法规或国家统一的会计制度等要求变更

D. 会计估计变更能够提供更可靠、更相关的会计信息

9. 满足下列条件之一的，可以变更会计政策（ ）。

A. 法律、行政法规或国家统一的会计制度等要求变更

B. 赖以进行估计的基础发生了变化

C. 会计政策变更能够提供更可靠、更相关的会计信息

D. 取得了新的信息，积累了更多的经验

10. 下列项目中，不属于我国会计政策变更准则所定义的会计政策变更的有（ ）。

A. 对初次发生的或不重要的交易或事项采用新的会计政策

B. 本期发生的交易或事项与以前相比具有本质差别，而采用新的会计政策

C. 法律、行政法规或国家统一的会计制度等要求变更

D. 会计政策变更能够提供更可靠、更相关的会计信息

三、判断题

1. 会计政策变更时，只能采用追溯调整法，不能采用未来适用法。（ ）

2. 在采用未来适用法时，不需要计算会计政策变更的累积影响数，也不需要计算确定会计政策变更对当期净利润的影响数。（ ）

3. 企业本期发现的重要的前期差错，只需调整本期与上期相同的相关项目。(　　)

4. 企业变更会计政策时，应采用追溯调整法进行会计处理。但如果无法合理确定会计政策变更的累积影响数，也可采用未来适用法进行会计处理。(　　)

5. 对初次发生的或不重要的交易或事项采用新的会计政策也属于会计政策的变更。(　　)

6. 会计政策是指具体的会计原则和会计处理方法。(　　)

7. 会计政策变更，是指企业对不同的交易或事项由原来采用的会计政策改用另一会计政策的行为。(　　)

8. 在当期期初确定会计政策变更对以前各期累积影响数不切实可行的，应当采用追溯调整法处理。(　　)

9. 由于经济环境和客观情况的改变而变更会计政策，以便提供有关企业财务状况、经营成果和现金流量等更为可靠、更为相关的会计信息，应该采用追溯调整法进行会计处理。(　　)

10. 如果会计政策变更累积影响数不能合理确定，无论是属于法规、规章要求而变更会计政策，还是因为经营环境、客观情况改变而变更会计政策，都应采用追溯调整法进行会计处理。(　　)

四、计算与会计处理题

1. 资料：A公司于2005年、2006年分别以285.6万元和61.6万元的价格从股票市场购入甲、乙两只以交易为目的的股票（假设不考虑购入股票发生的交易费用），市价一直高于购入成本。公司采用成本与市价孰低法对购入股票进行计量。公司从2007年1月1日起根据新的会计准则对其以交易为目的购入的股票由成本与市价孰低改为公允价值计量。公司保存的会计资料比较齐备，可以通过会计资料追溯计算。假设所得税税率为33%。公司按净利润的10%提取法定盈余公积金，按净利润的5%提取任意盈余公积金。公司发行股票3 600万股。两种方法计量的交易性金融资产账面价值如下表：

两种方法计量的交易性金融资产账面价值　　单位：万元

	成本与市价孰低	2005年末的公允价值	2006年末的公允价值
甲股票	252	285.6	285.6
乙股票	61.6	—	72.8

【要求】

(1) 计算A公司将其以交易为目的购入的股票由成本与市价孰低改为公允价值计量的累积影响数。

（2）对 A 公司的该项业务进行相应会计处理。

（3）说明 A 公司应如何调整会计报表。

（4）对于该项调整，A 公司应如何在报表附注中进行披露。

2. 资料：A 公司原来采用先进先出法计算发出存货和结存存货的成本，从 2007 年 1 月 1 日起改用移动加权平均法来对存货进行计价。已知 2007 年 1 月 1 日存货的价值为 1 440 000 元，公司购入存货的实际成本为 900 000 元，2007 年 12 月 31 日按移动加权平均法计算确定的存货价值为 1 620 000 元，2007 年 12 月 31 日按先进先出法计算的存货价值为 1 890 000 元。已知该企业适用的所得税税率为 33%。

【要求】

（1）计算 A 公司会计政策变更对当期净利润的影响数。

（2）说明 A 公司应如何在会计报表附注中对此政策变更加以披露。

3. 资料：2005 年 1 月 1 日，A 公司由于业务需要，从外部购入一项商标权，购入成本 507 500 元，估计经济使用寿命为 20 年。2007 年 1 月 31 日，由于新产品的问世，经过评估，A 公司认为原商标权已失去经济效益，决定将未摊销的余额 456 750 元全部予以摊销。

【要求】对上述变更进行会计处理。

4. 资料：A 公司 2001 年 12 月 1 日购入设备一台，该设备于 2002 年 1 月起开始按直线法计提折旧。已知该设备的原值 136 000 元，估计使用年限 15 年，预计净残值 1 000 元。至 2007 年初，由于新技术的出现，需要对该设备原来估计的使用年限和净残值作出修正，修正后，该设备的耐用年限为 10 年，预计净残值为 500 元。

【要求】

（1）对上述变更进行会计处理。

（2）说明应如何在报表附注中对此变更进行披露。

5. 资料：A 公司于 2007 年 1 月份发现，2006 年漏记了一项固定资产的折旧费用 468 000 元，所得税申报中也没有包括这笔费用。已知该企业适用的所得税税率为 33%，该公司按净利润的 10%提取法定盈余公积金。公司发行股票份额为 100 万股。

【要求】

（1）说明 A 公司应如何进行会计处理。

（2）说明 A 公司应如何在报表附注中对此加以披露。

第十五章 财务会计报告

一、单项选择题

1. 现金流量表补充资料的内容不包括（ ）。

A. 不涉及现金的投资和筹资活动

B. 将净利润调节为经营活动现金净流量

C. 本期内计提的所有折旧和资产减值准备

D. 本期末企业现金及现金等价物数额

2. 对于前期损益调整和非经营性利得项目，我国采用的报表处理方法为（ ）。

A. 全部记入利润表

B. 全部记入所有者权益变动表

C. 前期损益调整项目记入资产负债表，非经营性利得项目记入利润表

D. 前期损益调整项目记入利润表，非经营性利得项目记入所有者权益变动表

3. 中北公司200×年销售收入为2 000 000元，期末应收账款账户余额为47 000元，该账户期初余额为56 000元，本年度转销的坏账损失共15 000元，预收账款期初余额为4 000元，期末无余额，应交税费——销项税额本期贷方发生额为20 000元，则本年度现金流量表上“销售商品、提供劳务的收现数”为（ ）。

A. 1 990 000　　B. 2 040 000

C. 2 010 000　　D. 2 000 000

4. 某企业本年度共发生财务费用500 000元，其中属于经营活动的财务费用300 000元，220 000元已经用现金支付，80 000元未付；属于投资活动的财务费用150 000元，均已用现金支付，属于筹资活动的财务费用50 000元，均未用现金支付，在现金流量表补充资料中应在净利润的基础上加回（ ）财务费用。

A. 280 000　　B. 200 000

C. 500 000　　D. 300 000

5. 下列事项中不需要在会计报表附注中进行披露的是（ ）。

A. 以破产清算假设为编制会计报表的前提

B. 报表年度内的重大销售在资产负债表日后发生销售退回

C. 企业的合并和分立事项

D. 存货的计价方法由先进先出法改为后进先出法

6. 企业预提费用有期末余额的，应在资产负债表反映的项目是（　）。

A. 预收款项　　B. 预收账款

C. 待摊费用　　D. 预提费用

7. A公司2007年5月1日购入S公司45万股股票作为交易性金融资产，每股价格为6元。2008年8月15日收到S公司分派的现金股利9万元，股票股利30万股。2008年12月31日交易性金融资产的公允价值为每股价格8元。则2008年12月31日资产负债表中“交易性金融资产”项目填列金额为（　）万元。

A. 270　　B. 234

C. 261　　D. 360

8. 影响所有者权益变动表“本年年初余额”项目的因素有（　）。

A. 会计政策变更、前期差错更正

B. 净利润

C. 直接计入所有者权益的利得或损失

D. 可供出售金融资产公允价值变动金额

9. 代扣代缴的职工个人所得税，在现金流量表中应填列的项目是（　）。

A. 支付的各项税费

B. 支付给职工以及为职工支付的现金

C. 支付的其他与经营活动有关的现金

D. 收到的税费返还

10.《企业会计准则——中期财务报告》规定，企业在确认、计量和披露各中期会计报表项目时，应当遵循（　）。

A. 收付实现制原则　　B. 实际成本原则

C. 实质重于形式原则　　D. 重要性原则

二、多项选择题

1. 资产负债表中，根据总账期末余额填列的项目有（　）。

A. 固定资产　　B. 应付账款

C. 应收票据　　D. 长期债权投资

E. 交易性金融资产

2. 现金流量表中的现金是一个广义的概念，包括以下项目（　）。

A. 库存现金　　B. 提前通知金融部门可随时支取的定期存款

C. 受限制的境外存款　　D. 股票

E. 自购买日起 3 个月内到期的短期债券投资

3. 下列经济业务带来的现金流出，应当记入“经营活动产生的现金流量”项目的是（　）。

A. 购买材料支付的货款

B. 融资租入固定资产支付的租赁费

C. 捐赠支出

D. 购买无形资产支付的现金

E. 购买 3 个月内到期的短期债券投资支付的现金

4. 在用间接法计算现金流量时，以本期净利润（净损失）为起算点作以下调整（　）。

A. 减去本期计提的坏账准备

B. 加上本期的无形资产摊销

C. 加上本期属于筹资活动的现金流量

D. 加上本期由于处置固定资产损失导致的营业外支出

E. 加上本期应付账款的减少数

5. 下列各项中，属于筹资活动产生的现金流量的是（　）。

A. 购买固定资产支付的现金　　B. 发行债券所收到的现金

C. 工程交付使用前的利息支出　　D. 证券发行前支付的审计费

E. 收入的现金捐赠

6. 依据新会计准则，下列事项中，影响利润表中营业利润的有（　）。

A. 营业外收入　　B. 财务费用

C. 投资收益　　D. 公允价值变动损益

E. 资产减值损失

7. 依据《企业会计准则第 30 号——财务报表列报》中规定，在所有者权益变动表上至少反映的信息有（　）。

A. 企业当期实现的净利润

B. 直接计入所有者权益的利得或损失项目及其金额

C. 会计政策变更和会计差错更正的累积影响数

D. 所有者投入企业的资本和企业向所有者分配的利润

E. 企业按照公司法规定提取的盈余公积

8. 下列经济业务应填列在现金流量表中“投资支付的现金”项目的是（　）。

A. 企业购买子公司

B. 取得持有至到期投资支付的交易费用

C. 企业取得交易性金融资产时发生的交易费用

D. 企业取得的取得持有至到期投资按其公允价值支付的款项

E. 企业取得可供出售金融资产时支付的交易费用

9. 依据《企业会计准则第 30 号——财务报表列报》中规定，财务报表至少应当包括（　　）。

A. 资产负债表　　B. 利润表

C. 利润分配表　　D. 现金流量表

E. 所有者权益变动表　　F. 报表附注

10. 企业在确认、计量和披露在中期财务报告中列报的各报表项目时，下列说法中正确的是（　　）。

A. 应当遵循重要性原则

B. 在判断项目的重要程度时，应当以预计的年度财务数据为基础

C. 在判断项目的重要程度时，应当以中期财务数据为基础

D. 与年度财务数据相比，中期会计计量可在更大程度上依赖于估计

E. 企业应当保证提供的中期财务报告包括与理解企业中期期末财务状况和中期经营成果及其现金流量有关的信息

三、判断题

1. 关于企业利润表中本期利润包含的内容，在会计理论界有两种观点：本期营业观和损益满计观。我国利润表的编制内容采用的是损益满计观。（　）

2. 在计算和列示经营活动产生的现金流量时，通常有两种方法：直接法和间接法。直接法就是以利润表中的营业收入和费用为起点，分别调整与经营活动有关的流动资产和流动负债的增减变化，将利润表中以权责发生制为基础计算的收入和费用调整为以收付实现制为基础计算的经营活动现金流量的方法。（　）

3. 企业在披露中期财务报告中的项目时，需要遵循逐一准确确认、计量的原则。（　）

4. 资产负债表日后所有事项都必须在会计报表附注中进行披露。（　）

5. 现金流量表中的现金是一个广义的概念，它等于资产负债表中的库存现金、银行存款和其他货币资金三者之和。（　）

6. 企业由于生产经营的需要购买固定资产所支付的现金，因为与生产经营活动直接相关，应记入“与经营活动有关的现金流量”项目中。（　）

7. 中期会计报表只需要提供本中期的会计数据，不需要提供前期比较数据。（　）

8. 依据《企业会计准则第 30 号——财务报表列报》中规定，企业不再编制利润分配表，因此有关利润的形成和分配的信息将无法体现在新的会计报表体系中。（　）

9. 有稀释性潜在普通股的企业，不仅要计算和列报基本每股收益，而且要根据稀释性潜在普通股的影响，计算和列报稀释每股收益。（ ）

10. 中期会计报表附注仅披露本中期发生的重大交易和事项，对不属于本中期的重大交易和事项不予考虑。（　　）

四 、计算与会计处理题

1. ABC公司2007年相关资料如下：

（1）2007年12月31日资产负债表部分项目如下：

单位：元

项　目	年 初 数	期 末 数
应收账款	60 000	40 000
应收票据	21 000	36 000
预收账款	30 000	16 000
应付账款	20 000	19 000
预付账款	18 000	16 000
存货	80 000	60 000

（2）2007年度主营业务收入为1 000 000元，主营业务成本600 000元。

（3）其他相关资料如下：

增值税销项税额为170 340元，进项税额为80 000元，增值税销项税额中含有工程项目领用本企业产品产生的增值税340元（该产品成本为1 600元，计税价为2 000元）；另外，存货本期减少额中还有一项存货盘亏损失4 000元；存货本期增加额中，与购买商品无关的项目有：发生制造费用16 000元，分配生产工人工资20 000元；应收票据减少额中含有一项票据贴现业务，其贴现息为2 000元。除上述业务外，均为正常购销业务。

【要求】

（1）销售商品、提供劳务收到的现金（含收到的增值税销项税额）。

（2）购买商品、接受劳务支付的现金（含支付的增值税进项税额）。

2. 甲企业与乙企业均为增值税一般纳税企业，所得税税率25%。其有关资料如下：

（1）甲企业销售的产品、材料均为应纳增值税货物，增值税税率为17%，产品、材料售价中均不含增值税。

（2）甲企业材料和产成品均按实际价格核算，其销售成本随销售同时结转。

（3）乙企业为甲企业的全资子公司。

（4）甲企业2008年1月1日有关科目余额如下：

科目余额表　　单位：元

科目名称	借方余额	科目名称	贷方余额
库存现金	1 000	短期借款	600 000
银行存款	655 000	应付票据	100 000
交易性金融资产	145 000	应付账款	360 000
应收票据	60 000	应付职工薪酬	10 000
应收账款	400 000	应交税费	24 000
坏账准备	−2 000	长期借款	2 520 000
其他应收款	400	实收资本	4 000 000
原材料	700 000	盈余公积	240 000
低值易耗品	60 000	利润分配（未分配利润）	15 400
库存商品	160 000		
长期股权投资——乙企业	1 200 000		
固定资产	5 400 000		
投资性房地产	200 000		
累计折旧	−1 120 000		
无形资产	10 000		
合　计	7 869 400		7 869 400

甲企业 2008 年度发生如下经济业务：

（1）购入原材料一批，增值税专用发票上注明增值税税额为 102 000 元，原材料实际成本为 600 000 元。材料已经到达，并验收入库。企业开出商业承兑汇票支付。

（2）销售乙企业一批产品，销售价格为 80 000 元，产品成本为 64 000 元。产品已发出，开出增值税专用发票，款项尚未收到（除增值税以外，不考虑其他税费）。甲企业销售该产品的毛利率为 20％。

（3）对外销售一批原材料，销售价格为 52 000 元，材料实际成本为 36 000 元。销售材料已经发出，开出增值税专用发票。款项已收到并存入银行。

（4）出售一台设备给乙企业，设备账面原价为 300 000 元，已提折旧 48 000 元，出售价格为 360 000 元。出售设备价款已收到，并存入银行。甲企业出售设备的毛利率为 30％（假设出售设备不需交纳增值税等有关税费）。乙企业购入设备用于管理部门，本年度提取该项设备折旧费为 36 000 元。

（5）按应收账款年末余额 0.5％计提坏账准备（2008 年 1 月 1 日甲企业应收乙企业账款 60 000 元，计提坏账准备 300 元）。

（6）用银行存款偿还到期应付票据 40 000 元，交纳所得税 4 600 元。

(7) 年末交易性金融资产的公允价值为 120 000 元。

(8) 年末投资性房地产的公允价值为 180 000 元。

(9) 乙企业本年实现净利润 140 000 元。

(10) 摊销无形资产价值 2 000 元，计提管理用固定资产折旧 17 532 元。本年度所得税费用和应交所得税为 35 950 元，实现净利润 39 050 元，提取盈余公积 3 905 元。

【要求】

(1) 编制甲企业有关经济业务的会计分录。

(2) 填列甲企业 2008 年 12 月 31 日的资产负债表年末数（见下表）。

资产负债表

编制单位：甲企业　　2008 年 12 月 31 日　　单位：元

资　产	年末数	负债及所有者权益	年末数
流动资产：		流动负债：	
货币资金		短期借款	
交易性金融资产		交易性金融负债	
应收票据		应付票据	
应收账款		应付账款	
预付款项		预收款项	
应收利息		应付职工薪酬	
应收股利		应交税费	
其他应收款		应付利息	
存货		应付股利	
流动资产合计		其他应付款	
非流动资产：		一年内到期的非流动负债	
可供出售金融资产		其他流动负债	
持有至到期投资		流动负债合计	
长期应收款		非流动负债：	
长期股权投资		长期借款	
投资性房地产		应付债券	
固定资产		长期应付款	
在建工程		专项应付款	
工程物资		预计负债	
固定资产清理		递延所得税负债	
生产性生物资产		其他非流动负债	
油气资产		非流动负债合计	

（续）

资　　产	年 末 数	负债及所有者权益	年 末 数
无形资产		负债合计	
开发支出		所有者权益：	
商誉		实收资本	
长期待摊费用		资本公积	
递延所得税资产		减：库存股	
其他非流动资产		盈余公积	
非流动资产合计		未分配利润	
		所有者权益合计	
资产总计		负债和所有者权益总计	

3. W 公司 2008 年度利润表和资产负债表的相关项目如下：

资产负债表

编制单位：W 公司　　2008 年 12 月 31 日　　单位：元

资　　产	年初数	期末数	负债及所有者权益	年初数	期末数
流动资产：			流动负债：		
货币资金	147 000	171 000	应付票据	240 000	
交易性金融资产	40 000	56 000	应付账款	99 000	186 000
应收账款	108 000	78 000	短期借款		100 000
存货	160 000	330 000	流动负债合计	339 000	286 000
			长期负债：		
流动资产合计	455 000	635 000	应付债券	160 000	450 000
固定资产：			长期负债合计	160 000	450 000
固定资产原价	500 000	1 014 000	负债合计	499 000	736 000
减：累计折旧	30 000	63 000	股东权益：		
固定资产净值	470 000	951 000	股本	380 000	480 000
固定资产合计	470 000	951 000	未分配利润	60 000	408 000
长期待摊费用	14 000	38 000	股东权益合计	440 000	888 000
资产总计	939 000	1 624 000	负债及股东权益合计	939 000	1 624 000

利润表

编制单位：W 公司　　2008 年　　单位：元

项　　目	本年累计数
一、营业收入	1 476 000
减：营业成本	720 000

（续）

项　目	本年累计数
减：管理费用	122 000
财务费用	20 000
加：投资收益	6 000
二、营业利润	620 000
营业外收入	6 000
减：营业外支出	20 000
三、利润总额	606 000
减：所得税费用	204 000
四、净利润	402 000

其他有关资料：

（1）本年度支付了54 000元现金股利。

（2）主营业务成本720 000元中，包括工资费用330 000元。管理费用122 000元中，包括折旧费用43 000元，长期待摊费用摊销6 000元，支付其他费用73 000元。

（3）本年度出售固定资产一台，原价120 000元，已提折旧10 000元，处置价格116 000元，已收到现金。

（4）本年度购入固定资产，价款634 000元，以银行存款支付。

（5）本年度购入短期股票投资，支付价款46 000元。

（6）本年度出售交易性金融资产收到现金36 000元，成本30 000元。

（7）本年度偿付应付债券140 000元，新发行债券430 000元，已收到现金。

（8）本年度发生火灾造成存货损失20 000元，已计入营业外支出。

（9）本年度预付保险费30 000元。

（10）本年度发行新股100 000元，已收到现金。

（11）财务费用20 000元系支付的债券利息。

（12）期末存货均为外购原材料。

（13）本年度从银行取得短期借款100 000元。

【要求】根据上述资料编制W公司的现金流量表（见下表）及其补充资料。

现金流量表

编制单位：W公司　　2008年度　　单位：元

项　目	金　额
一、经营活动产生的现金流量	
销售商品、提供劳务收到的现金	
收到的税费返还	

（续）

项　　目	金　额
收到的其他与经营活动有关的现金	
现金流入小计	
购买商品接受劳务支付的现金	
支付给职工以及为职工支付的现金	
支付的各项税费	
支付的其他与经营活动有关的现金	
现金流出小计	
经营活动产生的现金净额	
二、投资活动产生的现金流量：	
收回投资收回的现金	
取得投资收益所收到的现金	
处置固定资产、无形资产和其他长期资产收回的现金净额	
处置子公司及其他营业单位收到的现金净额	
收到的其他与投资活动有关的现金	
现金流入小计	
购建固定资产、无形资产和其他长期资产支付的现金	
投资所支付的现金	
取得子公司及其他营业单位支付的现金	
支付的其他与投资活动有关的现金	
现金流出小计	
投资活动产生的现金流量净额	
三、筹资活动产生的现金流量	
吸收投资所收到的现金	
取得借款所收到的现金	
收到的其他与筹资活动有关的现金	
现金流入小计	
偿还债务所支付的现金	
分配股利、利润和偿付利息所支付的现金	
支付的其他与筹资活动有关的现金	
现金流出小计	
筹资活动产生的现金流量净额	
四、汇率变动对现金的影响	
五、现金及现金等价物净增加额	
加：期初现金及现金等价物余额	
六、期末现金及现金等价物余额	

现金流量表补充资料

补充资料	本期金额
1. 将净利润调节为经营活动现金流量：	
净利润	
加：计提的资产减值准备	
固定资产折旧、油气资产折耗、生产性生物资产折旧	
无形资产摊销	
长期待摊费用摊销	
处置固定资产、无形资产和其他长期资产的损失（收益以“—”号填列）	
固定资产报废损失（收益以“—”号填列）	
公允价值变动损失（收益以“—”号填列）	
财务费用（收益以“—”号填列）	
投资损失（收益以“—”号填列）	
递延所得税资产减少（增加以“—”号填列）	
递延所得税负债增加（减少以“—”号填列）	
存货的减少（增加以“—”号填列）	
经营性应收项目的减少（增加以“—”号填列）	
经营性应付项目的增加（减少以“—”号填列）	
经营活动产生的现金流量净额	
2. 不涉及现金收支的投资和筹资活动：	
债务转为资本	
一年内到期的可转换公司债券	
融资租入固定资产	
3. 现金及现金等价物净增加情况	
现金的期末余额	
减：现金的期初余额	
加：现金等价物的期末余额	
减：现金等价物的期初余额	
现金及现金等价物净增加额	

第十六章　资产负债表日后事项

一、单项选择题

1. 对股份公司而言，资产负债表日后事项是指自年度资产负债表日（12 月 31 日）至下列哪一时点之间发生的需要调整和说明的事项（　　）。

A. 财务会计报告编制完成日　　B. 注册会计师签署审计报告日

C. 董事会批准财务报告对外报出日　　D. 财务报告实际对外公布日

2. 资产负债表日后的非调整事项是指（　　）。

A. 资产负债表日后新发生的所有事项

B. 资产负债表日后新发生的事项，且对理解和分析财务报告有重大影响的事项

C. 资产负债表日或以前已经存在，但对编制财务报告没有影响的事项

D. 资产负债表日或以前已经存在，但资产负债表日后发生变化的事项

3. 甲公司年度财务报告批准报出日为 2008 年 4 月 30 日，2007 年 12 月 26 日甲公司销售一批产品，折扣条件是 10 天内付款折扣 2%，购货方次年 1 月 3 日付款，取得现金折扣 1 000 元。甲公司正确的处理是（　　）。

A. 作为资产负债表日后的调整事项

B. 作为资产负债表日后的非调整事项

C. 直接反映在 2008 年当期的会计分录和会计报表中

D. 在 2008 年的报表附注中说明

4. A 公司于 2008 年 2 月 20 日与债权人 B 公司达成如下协议：B 公司将其债权的一半 200 万元转换为 A 企业一定数量的普通股，并且降低剩余债务的利率，对以上经济业务 A 公司应作为（　　）在 2007 年会计报表附注中进行披露。

A. 资产负债表日后调整事项　　B. 资产负债表日后非调整事项

C. 债务重组　　D. 不作披露

5. 某企业应收甲公司账款 300 000 元，在 2007 年 12 月 31 日已被告知甲公司资不抵债，企业按应收甲公司账款余额的 10%计提了坏账准备。2008 年 2 月 10 日报表报出前接到通知，甲公司宣告破产，欠款全部不能偿还。假定该企业所得税税率为 33%，则该日后调整事项对年度报告净利润的影响金额为（　　）。

A. 减少 300 000 元　　B. 减少 270 000 元

C. 减少 201 000 元　　　D. 减少 180 900 元

6. 资产负债表日至财务批准报出日之间发生的调整事项在进行调整会计处理时，不允许调整报告年度的项目有（　）。

A. 货币资金项目　　　B. 应收账款项目

C. 所有者权益项目　　D. 损益项目

7. 下列事项属于资产负债表日后事项中调整事项的是（　）。

A. 资产负债表日后企业发生巨大亏损

B. 在资产负债表日后外汇汇率发生较大变动

C. 已确定将要支付赔偿额小于该赔偿在资产负债表日的估计金额

D. 溢价发行债券

8. 下列有关资产负债表日后事项表述正确的有（　）。

A. 资产负债表日至财务报告批准报出日之间，由董事会制订的财务会计报告所属期间利润分配方案中的盈余公积的提取，应作为调整事项处理

B. 资产负债表日后发生的调整事项如涉及现金收支项目的，均可调整报告年度资产负债表的货币资金项目，但不调整报告年度现金流量表各项目数字

C. 资产负债表日后事项，作为调整事项调整会计报表有关项目数字后，还需要在会计报表附注中进行披露

D. 资产负债表日至财务会计报告批准报出日之间，由董事会制定的财务会计报告所属期间利润分配方案中的现金股利，应作为调整事项处理

9. 2007 年财务报告批准报出日为 2008 年 4 月 30 日。2008 年 3 月 4 日，甲公司发现 2006 年一项财务报表重大差错，甲公司应调整（　）。

A. 2006 年度资产负债表的期末余额和利润表本期金额

B. 2007 年度资产负债表的年初余额和利润表上期金额

C. 2006 年度资产负债表的年初余额和利润表上期金额

D. 2007 年度资产负债表的期末余额和利润表本期金额

10. S 公司 2007 年度会计报告，经批准 2008 年 4 月 10 日报出。该公司在 2008 年 1 月 1 日至 4 月 10 日发生下列事项中，属于调整事项的是（　）。

A. 2008 年 3 月 25 日取得确凿证据，表明某资产在资产负债表日已经发生了减值

B. 2008 年 2 月 15 日销售的产品被退回

C. 2008 年 3 月 15 日董事会提出资本公积转增资本方案

D. 2008 年 3 月 28 日董事会成员发生变动

二、多项选择题

1. 以下在资产负债表日至财务报告批准报出日之间发生的事项中，应该定

义为“资产负债表日后事项”的有（　　）。

A. 与资产负债表日存在状况有关的有利事项

B. 与资产负债表日存在状况有关的不利事项

C. 中止一项营业的事项

D. 放弃一种主要产品的事项

E. 与资产负债表存在状况无关、但对企业财务状况有重大影响的事项

2. 下列事项属于资产负债表日后的非调整事项的是（　　）。

A. 资产负债表日后发行债券

B. 资产负债表日后企业发生巨额亏损

C. 资产负债表日后宣告发放股票股利

D. 资产负债表日后董事会作出的债务重组决定

E. 资产负债表日存在的未决诉讼在资产负债表日后得以结案

3. 海地公司在资产负债表日至财务报告批准报出日之间发生的下列事项中属于调整事项的是（　　）。

A. 董事会决定的股票股利分配方案

B. 资产负债表日后出现了某一重要资产的大幅度减值

C. 资产负债表日后发生了以前年度的重大销售退回

D. 资产负债表日已经拖欠的货款，日后证实确实无法收回

E. 资产负债表日后有新的证据证明资产负债表日对长期合同应计收益估计存在重大误差

4. 华科公司 2007 年为新兴公司 500 万元的债务提供了 70%的担保。新兴公司因到期无力偿还债务被起诉，至 12 月 31 日，法院尚未作出判决，华科公司根据有关情况预计很可能承担部分担保责任，2008 年 2 月 6 日华科公司财务报告批准报出日之前，法院作出判决，华科公司承担全部担保责任，需为新兴公司偿还债务的 70%。华科公司已执行，以下华科公司正确的处理有（　　）。

A. 2007 年 12 月 31 日按照很可能承担的担保责任确认预计负债

B. 2007 年 12 月 31 日对此预计负债作出披露

C. 2008 年 2 月 6 日按照资产负债表日后调整事项处理，调整会计报表相关项目

D. 2008 年 2 月 6 日按照资产负债表日后非调整事项处理，作出说明

E. 2008 年 2 月 6 日在上年度会计报表附注中作出说明

5. A 公司应收 B 公司销售货款 100 000 元，按合同规定 B 应于 2007 年 8 月 30 日偿还 A，到 2007 年 12 月 31 日尚未偿还，并且 A 得知 B 的财务状况不佳。A 随即按应收账款 5%的比例计提了坏账准备。2008 年 3 月 10 日，A 公司得知 B 已经破产清算，B 已无力偿还 A 的全部货款。作为资产负债表日后的调整事

项，应作的会计处理包括（　　）。

A. 按照调整事项处理原则调整以前年度损益和其他相关项目

B. 调整 2007 年资产负债表相关项目

C. 调整 2007 年度利润表相关项目

D. 调整 2007 年度现金流量表相关项目

E. 调整 2008 年 3 月资产负债表年初数的相关项目

6. 某上市公司 2007 年度的财务报告批准报出日为 2008 年 4 月 30 日，应作为资产负债表日后调整事项处理的是（　　）。

A. 2008 年 1 月份销售的商品，在 2008 年 3 月被退回

B. 2008 年 2 月发现 2007 年无形资产少摊销，达到重要性要求

C. 2008 年 3 月发现 2006 年固定资产少提折旧，达到重要性要求

D. 2008 年 5 月发现 2007 年固定资产少提折旧，达到重要性要求

E. 2008 年 3 月发生重大诉讼

7. 根据新会计准则规定，企业应就非调整事项，在会计报表附注中披露其（　　）。

A. 非调整事项性质

B. 非调整事项内容

C. 非调整事项对财务状况和经营成果的影响

D. 非调整事项无法作出估计的，说明其原因

8. 资产负债表日至财务报告批准报出日之间由董事会或类似机构制定的利润分配方案中分配的股利，其正确的处理方法是（　　）。

A. 现金股利作为非调整事项处理在报表附注中披露

B. 股票股利作为非调整事项处理在报表附注中披露

C. 现金股利作为调整事项处理，股票股利作为非调整事项处理

D. 现金股利作为非调整事项处理，股票股利作为调整事项处理

E. 现金股利和股票股利均作为本年业务而不作为报告年度业务处理

9. 下列资产负债表日后事项中，属于调整事项的是（　　）。

A. 资产负债表日后发生企业合并或处置子公司

B. 资产负债表日后，企业利润分配方案中拟分配的股利或利润

C. 资产负债表日后进一步确定了资产的成本或售出资产的收入

D. 资产负债表日后发现报告年度财务报表的重大差错

E. 资产负债表日后因自然灾害导致资产发生重大损失

10. 编制资产表日后事项的调整分录时，有可能用到的会计科目有（　　）。

A. 以前年度损益调整　　B. 利润分配——未分配利润

C. 银行存款　　D. 所得税费用

E. 盈余公积

三、判断题

1. 资产负债表日后事项中的调整事项和非调整事项的划分标准是事项本身的性质，即它对财务报表金额是否有影响，有影响的即为调整事项，没有影响的即为非调整事项。（　）

2. 资产负债表日后事项包括资产负债表日至财务报告批准报出日之间发生的所有影响企业财务状况、经营成果和现金流量的事项。（　）

3. 对于资产负债表日后需要调整的事项，不涉及损益的事项直接调整有关账户，对于涉及损益的事项，由于损益科目在年末均已全额结转到利润分配账户，所以应将需要调整的金额直接计入“利润分配——未分配利润”账户。（　）

4. 对于资产负债表日后发生的调整事项，应视同报表年度发生的事项，进行相应的账务处理，并调整资产负债表、利润表和现金流量表中所有受到影响的项目。（　）

5. 同样是资产负债表日至财务报告批准报出日之间发生的资产减损事项，可能是调整事项，也可能是非调整事项。（　）

6. 所有在资产负债表日至财务报告批准报出日之间发生的销售货物的退回，都属于资产负债表日后事项的调整事项。（　）

7. 资产负债表日后发生的调整事项如果涉及现金收支，不需要调整报告年度的现金流量表，但要调整资产负债表的货币资金项目。（　）

8. 资产负债表日后的调整事项，虽然已经调整了报表项目的有关数字，仍然要在会计报表附注中进行披露。（　）

9. 根据新会计准则规定，资产负债表日后董事会或类似权利机构批准的企业利润分配方案，无论是现金股利还是股票股利均作为非调整事项，在会计报表附注中进行披露。（　）

10. 对于资产负债表日后发生的调整事项，应视同资产负债表所属期间发生的事项，进行相应的账务处理，并调整相应的资产负债表、利润表、所有者权益变动表和现金流量表及报表附注的相关项目。（　）

四、计算与会计处理题

1. 嘉佳股份有限公司 2007 年度的财务报告批准报出日为 2008 年 4 月 10 日。所得税会计采用资产负债表债务法核算，适用的所得税税率为 25%，假定按应收账款余额计提的坏账准备可在所得税前扣除。法定盈余公积的计提比例为 10%。经对 2007 年度报表审计，发现下列事项：

(1) 2008 年 2 月 15 日发现 2007 年有两笔错账：管理部门所用设备多计提折

旧 200 000 元，管理人员工资 50 000 元误计入应付职工薪酬。前者为重大会计差错，后者为非重大会计差错。

(2) 原购入准备随时变现的 M 公司的股票 100 000 股在 2007 年 12 月 31 日的市价为每股 8.5 元，该股票的初始投资成本为每股 9 元。2007 年 12 月 31 日已确认了公允价值变动损益。2008 年 3 月 20 日该股票市价跌至每股 5.6 元。

(3) 2008 年 3 月 10 日收到 L 公司退回商品一批。该商品售价为 600 000 元，增值税税率为 17%，成本为 400 000 元，其中 60%为上年售出，其余部分为本年 2 月份售出，所有销售均已确认入账，货款未收到，对上年度的应收账款已按 10%计提了坏账准备。嘉佳公司已收到退回增值税专用发票的发票联和抵扣联。

(4) 2008 年 3 月 18 日，嘉佳公司发生火灾造成财产损失 300 000 元。

【要求】

(1) 指出嘉佳公司上述事项中哪些是资产负债表日后事项（分别列出调整事项和非调整事项）。

(2) 编制上述业务必要的会计分录。

(3) 指出嘉佳公司在 2007 年会计报表附注中应当披露上述事项中的哪些。

2. 甲公司为发行 A 股的上市公司，为增值税一般纳税人，增值税税率为 17%，由于其主营业务为生产摩托车，消费税税率为 10%。所得税采用资产负债表债务法核算，所得税税率为 25%。该公司按 0.5%比例计提坏账准备，并准予从所得税前扣除，其余计提的资产减值准备均不得从所得税前扣除，除本题所列事项外，不考虑所得税其他纳税调整事项，假定该公司在未来的三年内有足够的应纳税所得额可抵扣暂时性差异。甲公司 2007 年度财务报告经董事会批准于 2008 年 4 月 10 日对外报出，假定资产负债表日后调整事项涉及的所得税调整与 2007 年度的所得税一并清算。2008 年甲公司发生如下事项：

(1) 2008 年 3 月 10 日经法院最终判决甲公司需为乙公司承担担保借款的连带责任，为乙公司偿还借款本息 450 万元，延期还款的罚息 13.50 万元和诉讼费用 1.50 万元。甲公司根据乙公司的财务状况，认为其借款本息和罚息合计的 50%基本确定能从乙公司收回。甲公司尚未支付款项。

该借款担保是 2005 年甲公司为乙公司提供的，2007 年 12 月 10 日，贷款方提起诉讼，要求担保方甲公司承担连带清偿责任，2007 年 12 月 31 日，甲公司由于对该诉讼案无法估计胜诉和败诉的可能性，故 12 月 31 日未估计可能发生的损失。

(2) 2008 年 3 月 15 日，甲公司被告知，丙公司由人民法院宣告破产清算，甲公司应收丙公司的货款 300 万元，因丙公司的破产而确认实际发生损失 165 万元。

上述事项系甲公司于 2006 年 10 月销售给丙公司一批机床的应收账款，因丙公司经营情况不好，一直未将其收回。甲公司于 2007 年起对该应收账款计提坏账准备，2007 年末，估计该笔应收账款的预计可收回金额为 240 万元。

（3）2008 年 3 月 20 日，甲公司收到丁客户退回的于 2008 年 1 月 15 日销售的摩托车，该销售退回系摩托车质量未达到合同规定标准所致，销售退回的总价格为 90 万元，销售总成本为 72 万元。2008 年 3 月 25 日，甲公司又收到戊客户退回的于 2007 年 12 月 10 日销售的摩托车，该销售退回系型号与客户订购的型号不符所致，销售退回的总价格为 150 万元，总成本为 120 万元。甲公司已收回上述购货方退回的增值税专用发票，并通过银行支付了货款和增值税款。退回的商品已验收入库。

甲公司的利润表如下：

编制单位：甲公司　　　2007 年度　　　单位：万元

项　　目	调整前本年累计数	调整后本年累计数
一、营业收入	3 675	
减：营业成本	2 550	
营业税金及附加	172.50	
销售费用	300	
管理费用	150	
财务费用	30	
加：投资收益	150	
二、营业利润	622.5	
加：营业外收入	30	
减：营业外支出	82.50	
三、利润总额	570	
减：所得税费用	163.35	
四、净利润	406.65	
五、每股收益		
（一）基本每股收益		
（二）稀释每股收益		

【要求】

（1）根据上述资料编制有关甲公司的调整会计分录，要求写出明细科目。

（2）调整 2007 年甲公司的利润表。

第 2 部分

参 考 答 案

第一章 总 论

一、单项选择题

1. D　2. B　3. A　4. D　5. B
6. D　7. C　8. B　9. C　10. B

二、多项选择题

1. ABCDE　2. ABC　3. AD　4. ADE　5. ABCDE
6. ABCD　7. AB　8. ABCDE　9. CE　10. ADE

三、判断题

1. ×　2. ×　3. ○　4. ×　5. ×
6. ×　7. ×　8. ×　9. ×　10. ○

第二章　货币资金和应收项目

一、单项选择题

1. D　2. A　3. C　4. B　5. C
6. C　7. A　8. A　9. A　10. C
11. C　12. C　13. A　14. A　15. A
16. C　17. A　18. B　19. B　20. B
21. C　22. B　23. C　24. A　25. C

二、多项选择题

1. ABDE　2. ABD　3. ABCD　4. ABCD　5. ACD
6. BCD　7. ABC　8. ABDE　9. BCD　10. BCE
11. BCDE　12. BCE

三、判断题

1. ×　2. ×　3. ○　4. ×　5. ○
6. ○　7. ×　8. ○　9. ○　10. ×
11. ○

四、计算与会计处理题

1.【答案】

(1) 借：库存现金　50 000
　　贷：银行存款　50 000
(2) 借：管理费用　900
　　贷：库存现金　900
(3) 借：库存现金　480
　　贷：主营业务收入　480
(4) 借：其他应收款——张某　7 000
　　贷：库存现金　7 000
(5) 借：其他应收款（或备用金）　10 000
　　贷：库存现金　10 000

（6）借：营业外支出　　　300
　　贷：库存现金　　　300
（7）借：库存现金　　　150
　　管理费用　　　6 850
　　贷：其他应收款——张某　　　7 000
（8）借：银行存款　　　16 000
　　贷：库存现金　　　16 000

2.【答案】

银行存款余额调节表见下表：

2008 年 6 月 30 日　　　单位：元

项　目	金额	项　目	金额
银行对账单余额	64 575	银行存款日记账余额	67 500
加：6 月 30 日企业送存支票	4 800	加：6 月 29 日银行代收款	3 750
减：6 月 30 日企业开出支票	2 475	减：6 月 30 日银行代付款	4 350
调整后的余额	66 900	调整后的余额	66 900

3.【答案】

（1）借：物资采购　　　5 584 000
　　贷：应付账款——A 美元户（800 000 美元）　　　5 584 000
（2）借：银行存款——美元户（1 000 000 美元）　　　6 980 000
　　贷：短期借款——美元户（1 000 000 美元）　　　6 980 000
（3）借：应收账款——美元户（400 000 美元）　　　2 788 000
　　贷：主营业务收入　　　2 788 000
（4）借：应付账款——美元户（400 000 美元）　　　2 788 000
　　贷：银行存款——美元户（400 000 美元）　　　2 788 000
（5）借：银行存款——美元户（600 000 美元）　　　4 176 000
　　贷：应收账款——A 美元户（600 000 美元）　　　4 176 000

10 月末，汇兑损益计算如下：

（1）银行存款账户汇兑损益：

[(200 000＋1 000 000＋600 000－400 000)×6.96－(1 400 000＋6 980 000＋4 176 000－2 788 000)]元

＝(9 744 000－9 768 000)元

＝－24 000元

（2）短期借款账户汇兑损益：

(1 000 000×6.96－6 980 000)元＝－20 000元

(3) 应收账款账户汇兑损益：

[(1 000 000＋400 000－600 000)×6.96－(7 000 000＋2 788 000－4 176 000)]元

＝(5 568 000－5 612 000)元

＝－44 000元

(4) 应付账款账户汇兑损益：

[(400 000＋800 000－400 000)×6.96－(2 800 000＋5 584 000－2 788 000)]元

＝(5 568 000－5 596 000)元

＝－28 000元

期末，汇兑损益的账务处理为：

借：短期借款　　20 000

　　应付账款　　28 000

　　财务费用　　20 000

　　贷：银行存款　　24 000

　　　　应收账款　　44 000

4.【答案】

(1) 银行签发汇票时：

借：其他货币资金——银行汇票　　400 000

　　贷：银行存款　　400 000

(2) 使用银行汇票支付货款时，根据专用发票等有关凭证：

借：原材料　　300 000

　　应交税费——应交增值税（进项税额）　　51 000

　　贷：其他货币资金——银行汇票　　351 000

(3) 多余款入账时：

借：银行存款　　49 000

　　贷：其他货币资金——银行汇票　　49 000

5.【答案】

(1) 3月4日：

借：应收账款——乙公司　　60 000

　　贷：主营业务收入　　50 000

　　　　应交税费——应交增值税（销项税额）　　8 500

　　　　银行存款　　1 500

(2) 3月16日：

借：应收票据　　60 000

　　贷：应收账款——乙公司　　60 000

(3) 4月15日：

贴现期＝票据期限－企业已持有票据期限

＝［90－(31－16＋15)］天＝60 天

贴现利息＝票据到期值×贴现率×贴现期

＝(60 000＋60 000×6%×90/360)元×7.2%×60/360

＝60 900 元×7.2%×60/360

＝730.8 元

贴现所得＝票据到期值－贴现利息

＝(60 900－730.8)元＝60 169.2 元

借：银行存款 60 169.2

　贷：应收票据 60 000

　　　财务费用 169.2

(4) 6 月 14 日：

借：应收账款——乙公司 60 900

　贷：短期借款 60 900

6.【答案】

(1) 3 月 20 日：

借：应收票据 117 000

　贷：主营业务收入 100 000

　　　应交税费——应交增值税（销项税额） 17 000

借：主营业务成本 70 000

　贷：库存商品 70 000

(2) 4 月 4 日：

贴现期＝票据期限－企业已持有票据期限

＝60 天－(31－20＋4)天＝45 天

贴现利息＝票据到期值×贴现率×贴现期

＝117 000 元×8%×45/360＝1 170 元

贴现所得＝票据到期值－贴现利息

＝(117 000－1 170)元＝115 830 元

借：银行存款 115 830

　财务费用 1 170

　贷：应收票据 117 000

7.【答案】

借：原材料 200 000

　应交税费——应交增值税（进项税额） 34 000

　贷：应收票据 100 000

财务费用 5 437

银行存款 128 563

8.【答案】

(1) 8月3日：

借：应收账款 23 400

贷：主营业务收入 20 000

应交税费——应交增值税（销项税额） 3 400

(2) 8月18日：

借：主营业务收入 3 000

应交税费——应交增值税（销项税额） 510

贷：应收账款 3 510

(3) 8月22日：

借：银行存款 19 720

财务费用 170

贷：应收账款 19 890

9.【答案】

(1) 2008年计提时：

坏账准备提取额 = 4 800 000元×5% = 240 000元

借：资产减值损失——计提的坏账准备 240 000

贷：坏账准备 240 000

(2) 2009年发生坏账损失时：

借：坏账准备 64 000

贷：应收账款——B企业 64 000

(3) 2009年计提时：

2009年坏账准备的余额 = 5 760 000元×5% = 288 000元

年末计提坏账准备前，"坏账准备"贷方余额为：

(240 000－64 000)元 = 176 000元

本年度应补提的坏账准备金额为：

(288 000－176 000)元 = 112 000元

借：资产减值损失——计提的坏账准备 112 000

贷：坏账准备 112 000

(4) 2010年，以前确认的坏账重新收回时：

借：应收账款——B企业 40 000

贷：坏账准备 40 000

同时，

借：银行存款　　40 000
　　贷：应收账款——B企业　　40 000

(5) 2010年末计提坏账准备时：

本年末坏账准备余额应为：

4 000 000元×5%＝200 000元

至2010年末，计提坏账准备前的“坏账准备”科目的贷方余额为：

(288 000＋40 000)元＝328 000元

本年度应冲减多提的坏账准备金额为：

(328 000－200 000)元＝128 000元

借：坏账准备　　128 000
　　贷：资产减值损失——计提的坏账准备　　128 000

10.【答案】

(1) 上月末分录为：

借：其他应收款——×××　　100
　　贷：待处理财产损溢　　100

本月分录为：

借：库存现金　　100
　　贷：其他应收款——×××　　100

(2) 11月2日：

借：其他货币资金——银行汇票存款　　800 000
　　贷：银行存款　　800 000

(3) 11月3日：

借：应收账款——大地公司　　35 100
　　贷：主营业务收入　　30 000
　　　　应交税费——应交增值税（销项税额）　　5 100

(4) 11月4日：

贴现息＝27 000元×(9%/12)×5＝1 012.5元

借：银行存款　　25 987.5
　　财务费用　　1 012.5
　　贷：应收票据　　27 000

(5) 11月5日：

借：应收账款——万科公司　　25 000
　　贷：坏账准备　　25 000

借：银行存款　　25 000
　　贷：应收账款——万科公司　　25 000

(6) 11月6日：

借：原材料　200 000

　应交税费——应交增值税（进项税额）　34 000

　贷：应收票据　234 000

(7) 11月7日：

借：预付账款——蓝天公司　15 000

　贷：银行存款　15 000

(8) 11月22日：

借：银行存款　34 800

　财务费用　300

　贷：应收账款——大地公司　35 100

(9) 11月29日：

借：原材料　17 000

　应交税费——应交增值税（进项税额）　2 890

　贷：预付账款——蓝天公司　15 000

　　应付账款——蓝天公司　4 890

(10) 11月30日：

借：原材料　600 000

　应交税费——应交增值税（进项税额）　102 000

　贷：其他货币资金——银行汇票存款　702 000

借：银行存款　9 800

　贷：其他货币资金——银行汇票存款　9 800

第三章　存　　货

一、单项选择题

1. A　2. A　3. A　4. D　5. C
6. D　7. A　8. A　9. B　10. A
11. D　12. D　13. D　14. B　15. B
16. A　17. B　18. B　19. A　20. B
21. A

二、多项选择题

1. ACD　2. ABD　3. CD　4. ABD　5. ABC
6. ABC　7. ACD　8. ABC　9. AC　10. AD
11. ABC

三、判断题

1. ×　2. ×　3. ×　4. ○　5. ○
6. ○　7. ×　8. ○　9. ×　10. ×
11. ○　12. ×　13. ○

四、计算与会计处理题

1.【答案】

(1) 借：物资采购　30 000
　　　应交税费——应交增值税（进项税额）　5 100
　　贷：应付票据　35 100
(2) 借：原材料　32 000
　　贷：物资采购　30 000
　　　　材料成本差异　2 000
(3) 借：应付票据　35 100
　　贷：银行存款　35 100
(4) 借：物资采购　75 000
　　　应交税费——应交增值税（进项税额）　12 750

贷：应付账款 87 750

借：物资采购 500

贷：银行存款 500

借：原材料 76 000

贷：物资采购 75 500

材料成本差异 500

(5) 借：物资采购 25 000

应交税费——应交增值税（进项税额） 4 250

贷：银行存款 29 250

(6) 借：原材料 24 500

材料成本差异 500

贷：物资采购 25 000

(7) 借：生产成本 30 000

管理费用 10 000

制造费用 5 000

贷：原材料 45 000

原材料成本差异率

$$=\frac{500+(-2000-500+500)}{17\ 500+(32\ 000+76\ 000+24\ 500)}\times 100\%$$

$$=-1\%$$

则分摊于“生产成本”、“管理费用”、“制造费用”科目中的材料成本差异分别为－300 元、－100 元、－50 元，应作会计分录：

借：生产成本 －300

管理费用 －100

制造费用 －50

贷：材料成本差异 －450

2.【答案】

(1) 借：包装物——出租包装物 2 000

贷：包装物——库存未用包装物 2 000

借：银行存款 3 000

贷：其他应付款 3 000

(2) 借：其他业务成本 1 000

贷：包装物——包装物摊销 1 000

(3) 借：其他业务成本 500

贷：包装物——包装物摊销 500

（4）借：包装物——库存已用包装物　　1 000
　　贷：包装物——出租包装物　　1 000
借：原材料　　80
　　贷：包装物——出租包装物　　80
（5）租金收入：

$$(30 \times 20 \times 2)\text{元} = 1\ 200\text{元}$$

借：其他应付款　　1 200
　　贷：其他业务收入　　1 200
没收的押金：3 000 元/20×10=1 500 元
借：其他应付款　　1 500
　　贷：其他业务收入　　1 500
退还的押金：

$$(3000 - 1200 - 1500)\text{元} = 300\text{元}$$

借：其他应付款　　300
　　贷：银行存款　　300
（6）已计提摊销额 = (1 000 + 500) 元 /2 = 750 元
　　未摊销的成本 = (1 000 − 750 − 80) 元 = 170 元
借：其他业务成本　　170
　　贷：包装物——包装物摊销　　170
借：包装物——包装物摊销　　920
　　贷：包装物——出租包装物　　920

3.【答案】

（1）借：原材料——A 材料　　793.65 万
　　[(100 − 35) × 12 + 5 × (1 − 7%) + 3 + 6]
　　应交税费——应交增值税(进项税额)　　132.95 万
　　[(100 − 35) × 12 × 17% + 5 × 7%]
　　其他应收款——丙公司　　491.4 万
　　[35 × 12 × (1 + 17%)]
　　贷:银行存款 1 418 万
　　[100 × 12 × (1 + 17%) + 5 + 3 + 6]
（2）
① 发出 A 材料时：
　借：委托加工物资　　793.65 万
　　贷：原材料——A 材料　　793.65 万
② 支付加工费用和消费税时：

借：委托加工物资　　106.35 万

应交税费——应交增值税（进项税额）　　18.0795 万

——应交消费税　　100 万

贷：银行存款　　224.4295 万

③ 收回在 B 材料时：

借：原材料——B 材料　　900 万

贷：委托加工物资　　900 万

(3)

① C 商品的可变现净值 =（25 − 25 × 15% − 0.9）万元 × 40 = 814 万元

② C 商品的账面成本为 =（900 + 60）万元 = 960 万元

③ C 商品期末应提的减值准备额：（960 − 814）万元 = 146 万元

④ 计提存货跌价准备的分录如下：

借：资产减值损失　　146 万

贷：存货跌价准备——C 商品　　146 万

(4)

借：长期股权投资——丁公司　　1 170 万

（25 × 40 + 25 × 40 × 17%）

贷：主营业务收入　　1 000 万

应交税费——应交增值税（销项税额）　　170 万

（25 × 40 × 17%）

借：主营业务成本　　814 万

存货跌价准备　　146 万

贷：库存商品——C 商品　　960 万

借：营业税金及附加　　150 万

贷：应交税费——应交消费税　　150 万

（25 × 40 × 15%）

(5)

① 应补交的消费税 =（150 − 100）万元 = 50 万元

② 分录如下：

借：应交税费——应交消费税　　50 万

贷：银行存款　　50 万

4.【答案】

(1) 发出委托加工材料时：

借：委托加工物资　　20 000

贷：原材料　　20 000

(2) 分摊材料应负担的材料成本差异：

借：委托加工物资 200

  贷：材料成本差异 200

(3) 支付加工费用：

消费税计税价格 =（20 000 + 200 + 5000）元 /（1 − 10%）= 28 000 元

受托方代扣代缴的消费税 = 28 000 元 × 10% = 2 800 元

应交增值税 = 5 000 元 × 17% = 850 元

借：委托加工物资 7 800

  应交税费——应交增值税（进项税额） 850

  贷：银行存款 8 650

(4) 收回委托加工物资：

借：原材料 28 000

  贷：委托加工物资 28 000

5.【答案】

(1) 工程领用产品：

应交增值税 = 700 万元 × 17% = 119 万元

应交消费税 = 700 万元 × 10% = 70 万元

借：在建工程 689 万

  贷：库存商品 500 万

    应交税费——应交增值税（销项税额） 119 万

    应交税费——应交消费税 70 万

(2) 收回加工物资：

借：委托加工物资 50 万

  应交税费——应交消费税 5 万

  应交税费——应交增值税（进项税额） 8.5 万

  贷：银行存款 63.5 万

借：原材料 245 万

  贷：委托加工物资 245 万

第四章　投　　资

一、单项选择题

1. B　2. A　3. B　4. D　5. B
6. A　7. A　8. B　9. A　10. B

二、多项选择题

1. CD　2. AC　3. AB　4. AB　5. ABCD
6. ABD　7. BC　8. CD　9. AB　10. CD

三、判断题

1. ×　2. ×　3. ○　4. ×　5. ×
6. ×　7. ○　8. ×　9. ×　10. ×

四、计算与会计处理题

1.【答案】

金利公司的会计处理如下：

(1) 2007 年 1 月 5 日，购入股票时：

借：交易性金融资产——成本　27 000
　　应收股利　750
　　投资收益　600
　　贷：银行存款　28 350

(2) 2007 年 2 月 10 日，收到垫付的股利时：

借：银行存款　750
　　贷：应收股利　750

(3) 2007 年 5 月 18 日，收到非垫付的股利时：

借：银行存款　1200
　　贷：投资收益　1200

(4) 2007 年 6 月 30 日，期末计价：

账面价值＝27 000 元，公允价值＝30 000 元

借：交易性金融资产——公允价值变动　3 000

贷：公允价值变动损益 3 000

(5) 2007 年 12 月 31 日，期末计价：

账面价值＝30 000 元，公允价值＝18 000 元

借：公允价值变动损益 12 000

贷：交易性金融资产——公允价值变动 12 000

(6) 2008 年 3 月 9 日，出售该股票时：

实收 ＝(1 500 × 16 － 400) 元 ＝ 23 600 元

借：银行存款 23 600

交易性金融资产——公允价值变动 9 000

贷：交易性金融资产——成本 27 000

投资收益 5 600

借：投资收益 9 000

贷：公允价值变动损益 9 000

2.【答案】

蓝带公司的会计处理如下：

(1) 2007 年 1 月 6 日，购入债券时：

借：交易性金融资产——成本 1 555 000

应收利息 45 000

投资收益 6 000

贷：银行存款 1 606 000

(2) 2007 年 2 月 8 日，收到垫付的利息时：

借：银行存款 45 000

贷：应收利息 45 000

(3) 2007 年 6 月 30 日，期末计价：

账面价值＝155.5 万元，公允价值＝145 万元

借：公允价值变动损益 105 000

贷：交易性金融资产——公允价值变动 105 000

(4) 2007 年 12 月 31 日，期末计价：

账面价值＝145 万元，公允价值＝170 万元

借：交易性金融资产——公允价值变动 250 000

贷：公允价值变动损益 250 000

(5) 2007 年 12 月 31 日，对债券计息：

借：应收利息　90 000

　　贷：投资收益　90 000

(6) 2008 年 1 月 10 日，收到债券利息：

借：银行存款　90 000

　　贷：应收利息　90 000

(7) 2008 年 2 月 9 日，出售债券时：

借：银行存款　1 750 000

　　贷：交易性金融资产——成本　1 555 000

　　　　交易性金融资产——公允价值变动　145 000

　　　　投资收益　50 000

借：公允价值变动损益　145 000

　　贷：投资收益　145 000

3.【答案】

(1) 甲公司会计处理为：

① 购入债券时：

借：持有至到期投资——成本　103 500

　　贷：银行存款　103 500

② 年末计息时：

年末应计利息 = 103 500 元 × 4% = 4 140 元

借：应收利息　4 140

　　贷：投资收益——债券利息收入　4 140

年末收到利息时：

借：银行存款　4 140

　　贷：应收利息　4 140

③ 到期收回最后一次的利息和本金时：

借：银行存款　107 640

　　贷：持有至到期投资——成本　103 500

　　　　应收利息　4 140

(2) 甲公司会计处理为：

① 购入债券时：

借：持有至到期投资——成本　103 500

　　持有至到期投资——利息调整　9 212

　　贷：银行存款　112 712

② 按照实际利率法摊销溢价，摊销过程如下表所示：

债券溢价摊销表

（实际利率法）　单位：元

付息日期	借：应收利息	贷：投资收益	贷：持有至到期投资——利息调整	持有至到期投资账面价值
①	② = 103 500 × 6%	③=每期期初账面价值×4%	④=②-③	⑤=每期期初账面价值-④
2007.1.1				112 712
2007.12.31	6 210	4 508.48	1 701.52	111 010.48
2008.12.31	6 210	4 440.42	1 769.58	109 240.9
2009.12.31	6 210	4 369.64	1 840.36	107 400.54
2010.12.31	6 210	4 296.02	1 913.98	105 486.56
2011.12.31	6 210	4 223.44*	1 986.56	103 500
合　计	31 050	21 838	9 212	—

注：*实际算出金额为 4 219.46，因纠正尾数误差而调整为此数。

甲公司各年会计分录如下：

2007 年 12 月 31 日：

借：应收利息　6 210

　　贷：投资收益——债券利息收入　4 508.48

　　　　持有至到期投资——利息调整　1 701.52

2008 年 12 月 31 日：

借：应收利息　6 210

　　贷：投资收益——债券利息收入　4 440.42

　　　　持有至到期投资——利息调整　1 769.58

2009 年 12 月 31 日：

借：应收利息　6 210

　　贷：投资收益——债券利息收入　4 369.64

　　　　持有至到期投资——利息调整　1 840.36

2010 年 12 月 31 日：

借：应收利息　6 210

贷：投资收益——债券利息收入　　4 296.02
持有至到期投资——利息调整　　1 913.98

2011 年 12 月 31 日：

借：应收利息　　6 210
贷：投资收益——债券利息收入　　4 223.44
持有至到期投资——利息调整　　1 986.56

③ 到期收回最后一次的利息和本金时：

借：银行存款　　109 710
贷：持有至到期投资——成本　　103 500
应收利息　　6 210

(3) 甲公司会计处理为：

① 购入债券时：

借：持有至到期投资——成本　　103 500
贷：银行存款　　94 282
持有至到期投资——利息调整　　9 218

② 按照实际利率法摊销折价，摊销过程如下表所示：

债券折价摊销表

（实际利率法）　　单位：元

付息日期	借：应收利息	贷：投资收益	借：持有至到期投资——利息调整	持有至到期投资账面价值
①	② ＝ 103 500 × 2%	③＝每期期初账面价值×4%	④＝③－②	⑤＝每期期初账面价值＋④
2007.1.1				94 282
2007.12.31	2 070	3 771.28	1 701.28	95 983.28
2008.12.31	2 070	3 839.33	1 769.33	97 752.61
2009.12.31	2 070	3 910.10	1 840.10	99 592.71
2010.12.31	2 070	3 983.71	1 913.71	101 506.42
2011.12.31	2 070	4 063.58*	1 993.58	103 500
合　计	10 350	19 568	9 218	—

注：*实际算出金额为 4 060.26，因纠正尾数误差而调整为此数。

各年会计分录如下：

2007 年 12 月 31 日：

借：应收利息　　2 070
持有至到期投资——利息调整　　1 701.28
贷：投资收益——债券利息收入　　3 771.28

2008 年 12 月 31 日：

借：应收利息　　2 070

　　持有至到期投资——利息调整　　1 769.33

　　贷：投资收益——债券利息收入　　3 839.33

2009 年 12 月 31 日：

借：应收利息　　2 070

　　持有至到期投资——利息调整　　1 840.10

　　贷：投资收益——债券利息收入　　3 910.10

2010 年 12 月 31 日：

借：应收利息　　2 070

　　持有至到期投资——利息调整　　1 913.71

　　贷：投资收益——债券利息收入　　3 983.71

2011 年 12 月 31 日：

借：应收利息　　2 070

　　持有至到期投资——利息调整　　1 993.58

　　贷：投资收益——债券利息收入　　4 063.58

③ 到期收回最后一次的利息和本金时：

借：银行存款　　105 570

　　贷：持有至到期投资——成本　　103 500

　　　　应收利息　　2 070

4.【答案】

甲公司的会计处理为：

（1）2006 年 1 月 1 日按照面值购入乙公司发行的可转换公司债券时：

借：持有至到期投资——成本　　800 000

　　贷：银行存款　　800 000

（2）2006 年 12 月 31 日对该债券计息时，应计利息＝800 000 元×3%
＝24 000 元

借：持有至到期投资——应计利息　　24 000

　　贷：投资收益——债券利息收入　　24 000

（3）2007 年 6 月 1 日将可转换公司债券转换为股份时，应先计提 5 个月的利息 10 000 元（[800 000×(3%/12)×5＝10 000]）。

借：持有至到期投资——应计利息　　10 000

　　贷：投资收益——债券利息收入　　10 000

（4）转换为股份时：

借：长期股权投资——乙公司　　1 000 000

贷：持有至到期投资——成本 800 000

持有至到期投资——应计利息 34 000

投资收益 166 000

5.【答案】

甲企业的会计处理为：

（1）2006 年 1 月 1 日购入乙公司的长期股票时：

借：长期股权投资——乙公司 684 000

贷：银行存款 684 000

（2）乙公司 2006 年 4 月 2 日宣告分配 2005 年度的现金股利时，A 公司应享有的部分为 8.55 万元(57×15% = 8.55)。

借：应收股利 85 500

贷：长期股权投资——B 公司 85 500

（3）2006 年乙公司实现净利 133 万元时，甲企业不做账务处理。

（4）2007 年 4 月 2 日乙公司宣告分配 2006 年度的现金股利 95 万元时：

应冲减初始投资成本 =［(57 + 95) − 133］万元 × 15% − 8.55 万元

=− 5.7 万元

应确认的投资收益总额 = 95 万元 × 15% + 5.7 万元 = (14.25 + 5.7) 万元

= 19.95 万元

借：应收股利 142 500

长期股权投资——乙公司 57 000

贷：投资收益——股利收入 199 500

假设资料 5 中，乙公司 2007 年 4 月 2 日宣告分配 2006 年度的现金股利 142.5 万元，其余不变。甲企业会计处理如下：

应冲减初始投资成本 =［(57 + 142.5) − 133］万元 × 15% − 8.55 万元

= 1.425 万元

应确认的投资收益 = 142.5 万元 × 15% − 1.425 万元 = 19.95 万元

借：应收股利 213 750

贷：长期股权投资——B 公司 14 250

投资收益——股利收入 199 500

假设资料 5 中，乙公司 2007 年 4 月 2 日宣告分配 2006 年度的现金股利 68.4 万元，其余不变。甲企业会计处理如下：

应冲减初始投资成本 =［(57 + 68.4) − 133］万元 × 15% − 8.55 万元

=− 9.69 万元

2007 年 4 月 2 日甲企业分得的股利 10.26 万元应全部确认为投资收益，本年不冲减成本，同时甲企业只能转回原来已经冲减的成本 8.55 万元。

应确认的投资收益总额为 = 68.4 万元 × 15% + 8.55 万元

= (10.26 + 8.55) 万元 = 18.81 万元

借：应收股利　　102 600

　　长期股权投资——乙公司　　85 500

　　贷：投资收益——股利收入　　18 8100

6.【答案】

甲企业的会计处理为：

(1) 2006 年 3 月 1 日投资时：

借：长期股权投资——乙公司　　495 000

　　贷：银行存款　　495 000

(2) 2006 年 6 月 5 日乙公司宣告发放 2005 年度的现金股利 99 万元时，甲企业应分得现金股利 11.88 万元（99×12%=11.88）。

借：应收股利　　118 800

　　贷：长期股权投资——乙公司　　118 800

(3) 2006 年乙公司净利 198 万元时，甲企业不作账务处理。

(4) 2007 年 3 月 5 日乙公司宣告以 3 月 1 日为基准日发放 2006 年度的现金股利 156.75 万元时

甲企业应分得现金股利：156.75 万元 × 12% = 18.81 万元

甲企业应冲减投资成本 = $\left(99 + 156.75 - 198 \times \frac{10}{12}\right)$万元 × 12% − 11.88 万元

= − 0.99 万元

甲企业应分享投资收益 = 156.75 万元 × 12% + 0.99 万元 = 19.8 万元

借：应收股利　　188 100

　　长期股权投资——乙公司　　9 900

　　贷：投资收益——股利收入　　198 000

(5) 2007 年乙公司净利 297 万元时，甲企业不作账务处理。

7.【答案】

A 公司会计处理为：

(1) 2007 年 1 月 1 日以 250 万元对 B 公司投资时：

享有的 B 公司可辨认净资产公允价值的份额 = 860 万元 × 30% = 258 万元

初始投资成本与享有份额的差额 = (250—258) 万元 = − 8 万元

借：长期股权投资——投资成本　　2 580 000

　　贷：银行存款　　2 500 000

　　　　营业外收入　　80 000

(2) 2007 年 12 月 31 日 B 公司全年实现净利 180 万元时：

被投资单位按固定资产的公允价值计算的净利润

＝180 万元－(150/10－120/15) 万元

＝(180－7) 万元＝173 万元

A 公司按照调整后的净利润计算确定的投资收益＝173 万元×30%＝51.9 万元

借：长期股权投资——损益调整　　519 000

　　贷：投资收益——股权投资收益　　519 000

(3) 2008 年 3 月 1 日 B 公司宣告分派现金股利 160 万元时：

A 公司应分得现金股利＝160 万元×30%＝48 万元

借：应收股利——B 公司　　480 000

　　贷：长期股权投资——损益调整　　480 000

(4) 2008 年 12 月 31 日 B 公司全年发生净亏 920 万元时：

被投资单位按固定资产的公允价值计算的亏损＝[920＋(150/10－120/15)] 万元＝(920＋7) 万元＝927 万元

A 公司按照调整后的净亏损计算应分担的投资损失＝927 万元×30%＝278.1 万元

“长期股权投资”账户的账面余额＝(258＋51.9－48) 万元＝261.9 万元

A 公司只能确认损失 261.9 万元。

未确认的亏损额＝(278.1－261.9) 万元＝16.2 万元，应在备查簿中进行登记。

借：投资收益——股权投资收益　　2 619 000

　　贷：长期股权投资——损益调整　　2 619 000

(5) 2009 年 12 月 31 日 B 公司全年实现净利 140 万元时：

被投资单位按固定资产的公允价值计算的净利润

＝[140－(150/10－120/15)] 万元

＝(140－7) 万元＝133 万元

A 公司按照调整后的净利润计算确定的投资收益＝133 万元×30%

＝39.9 万元

A 公司只能先弥补未确认的亏损 16.2 万元。

应确认的投资收益＝(39.9－16.2) 万元＝23.7 万元

借：长期股权投资——损益调整　　237 000

　　贷：投资收益——股权投资收益　　237 000

8.【答案】

A 公司会计处理为：

(1) 2007 年 12 月 10 日：

初始投资成本＝400 万元

享有的被投资单位可辨认净资产公允价值的份额

=1 500 万元×30%=450 万元

借：长期股权投资——投资成本　4 500 000

　贷：银行存款　4 000 000

　　营业外收入　500 000

(2) 2008 年 10 月 B 公司调增可供出售金融资产时：

B 公司会计处理为：

借：可供出售的金融资产　250 000

　贷：资本公积——其他资本公积　250 000

A 公司会计处理为：

借：长期股权投资——其他权益变动　75 000

　贷：资本公积——其他资本公积　75 000

(3) 2008 年 12 月 31 日，B 公司净利 1 200 万元时：

1 200 万元×30%=360 万元

借：长期股权投资——损益调整　3 600 000

　贷：投资收益——股权投资收益　3 600 000

(4) 2009 年 3 月，A 公司将该股权出售时：

借：银行存款　9 500 000

　贷：长期股权投资——投资成本　4 500 000

　　长期股权投资——损益调整　3 600 000

　　投资收益　1 400 000

借：资本公积——其他资本公积　75 000

　贷：投资收益　75 000

9.【答案】

(1) 2006 年 1 月 1 日初始投资时：

借：长期股权投资　6 000 000

　贷：银行存款　6 000 000

(2) 2007 年 4 月 10 日追加投资时：

借：长期股权投资　12 000 000

　贷：银行存款　12 000 000

(3) 追溯调整长期股权投资账面价值时：

① 原 10%股权的成本 600 万元＞原可辨认净资产公允价值的份额 560 万元 (5 600×10%)。

差额 40 万元为商誉，不调整原投资时账面价值。

② 原投资时至追加投资间受资方净资产公允价值的变动：

(8 000 − 5 600) 万元 × 10% = 240 万元

240 ┌被投资单位净利部分 60 万元(600 × 10% = 60)，
　　└调投资账面价值和留存收益

其他原因导致的部分180万元，(240−60=180)，调投资账面价值和资本公积

借：长期股权投资　　2 400 000
　贷：盈余公积　　60 000
　　利润分配——未分配利润　　540 000
　　资本公积——其他资本公积　　1 800 000

③ 新取得的股权，成本为 1 200 万元>取得该投资时可辨认净资产公允价值份额 960 万元 (8 000 × 12% = 960)。

差额 240 万元作为商誉不调整长期股权投资账面价值。

10.【答案】

(1) 2006 年 1 月 1 日初始投资时：

借：长期股权投资　　6 000 000
　贷：银行存款　　6 000 000

(2) 2007 年 4 月 8 日追加投资时：

借：长期股权投资　　17 500 000
　贷：银行存款　　17 500 000

(3) 追溯调整长期股权投资账面价值时：

① 原 10%股权的成本 600 万元<原可辨认净资产公允价值的份额 720 万元 (7 200×10%)。

差额 120 万元，调整原投资时账面价值和留存收益。

借：长期股权投资　　1 200 000
　贷：盈余公积　　120 000
　　利润分配——未分配利润　　1 080 000

② 原投资时至追加投资间受资方净资产公允价值的变动：

(9 000 − 7 200) 万元 × 10% = 180 万元

180 ┌被投资单位净利部分 150 万元 (1500×10%=150)
　　│　调投资账面价值和资本公积
　　│其他原因导致的部分 30 万元 (180−150=30)
　　└　调投资账面价值和资本公积

借：长期股权投资　　1 800 000
　贷：盈余公积　　150 000
　　利润分配——未分配利润　　1 350 000

资本公积——其他资本公积　　　　300 000

③ 新取得的股权，成本为 1 750 万元＜取得该投资时可辨认净资产公允价值份额 1 800 万元(9 000 × 20% = 1 800)。

差额 50 万元调整长期股权投资账面价值和营业外收入。

借：长期股权投资　　　　500 000

　　贷：营业外收入　　　　500 000

11.【答案】

(1) 出售部分股权时：

借：银行存款　　　　36 000 000

　　贷：长期股权投资　　　　20 000 000

　　　　投资收益　　　　16 000 000

(6 000/60%) 万元 × 20% = 2 000 万元

(2) 追溯调整长期股权投资账面价值：

剩余长期股权投资的成本 4 000 万元。

按照剩余持股比例计算的原投资时享有的可辨认净资产公允价值的份额 = 9 000 万元 × 40% = 3600 万元。

剩余投资成本＞可辨认净资产公允价值份额。

差额 400 万元作为商誉，不调整长期股权投资的账面价值。

(3) 原取得投资后至转变为权益法核算之间：

被投资单位可辨认净资产的公允价值变动相对于剩余持股比例的部分 = (16 000 − 9 000) 万元 × 40% = 2 800 万元

2 800
- 属于被投资单位实现的净损益部分 1 200 万元（3 000×40%=1 200）
  调整长期股权投资和留存收益（盈余公积和未分配利润，非投资收益）
- 属于其他原因导致的部分 1 600 万元（2 800−1 200=1 600）
  调整长期股权投资和资本公积

借：长期股权投资　　　　28 000 000

　　贷：盈余公积　　　　1 200 000

　　　　利润分配——未分配利润　　　　10 800 000

　　　　资本公积——其他资本公积　　　　16 000 000

12.【答案】

(1) 2007 年 7 月 8 日，购入股票时：

借：可供出售金融资产——成本　　　　7 005 000

　　贷：银行存款　　　　7 005 000

(2) 2007 年 12 月 31 日：

账面价值=700.5 万元

公允价值 = 100 万元 × 9.5 = 950 万元

(950 − 700.5) 万元 = 249.5 万元

借：可供出售金融资产——公允价值变动　　2 495 000
　　贷：资本公积——其他资本公积　　2 495 000

(3) 2008 年 2 月 10 日，出售股票：

实收 = (12 × 100 − 0.8) 万元 = 1 199.2 万元

借：银行存款　　11 992 000
　　资本公积——其他资本公积　　2 495 000
　　贷：可供出售金融资产——成本　　7 005 000
　　　　可供出售金融资产——公允价值变动　　2 495 000
　　　　投资收益　　4 987 000

13.【答案】

甲公司会计处理为：

(1) 2007 年 4 月 5 日，购入股票：

借：可供出售金融资产——成本　　7 800 000
　　应收股利　　50 000
　　贷：银行存款　　7 850 000

单位成本为：(785 − 5) 元 / 150 股 = 5.2 元 / 股

(2) 2007 年 4 月 25 日，收到现金股利：

借：银行存款　　50 000
　　贷：应收股利　　50 000

(3) 2007 年 6 月 30 日：

账面价值 = 780 万元

公允价值 = 6.2 元 / 股 × 150 万股 = 930 万元

借：可供出售金融资产——公允价值变动　　1 500 000
　　贷：资本公积——其他资本公积　　1 500 000

(4) 2007 年 12 月 31 日：

账面价值 = 930 万元

公允价值 = 4.8 元/股 × 150 万股 = 720 万元

借：资本公积——其他资本公积　　2 100 000
　　贷：可供出售金融资产——公允价值变动　　2 100 000

(5) 2008 年 4 月 10 日，确认应收现金股利：

900 万元 × 1% = 9 万元

借：应收股利　　90 000
　　贷：投资收益　　90 000

(6) 2008 年 5 月 18 日，收到现金股利：

借：银行存款 90 000

  贷：应收股利 90 000

(7) 2008 年 6 月 8 日，出售股票：

实收＝5.8 元/股×150 万股＝870 万元

借：银行存款 8 700 000

  投资收益 900 000

  可供出售金融资产——公允价值变动 600 000

  贷：可供出售金融资产——成本 7 800 000

    资本公积——其他资本公积 600 000

14.【答案】

甲公司会计处理如下：

(1) 2007 年 2 月 15 日购入丙公司股票时：

借：可供出售金融资产——成本 2 500 000

  贷：银行存款 2 500 000

(2) 2007 年 12 月 31 对可供出售金融资产以公允价值进行后续计量时：

借：资本公积——其他资本公积 650 000

  贷：可供出售金融资产——公允价值变动 650 000

(3) 2008 年 12 月 31 日，甲公司减值损失为 800 000 元：

借：资产减值损失 800 000

  贷：资本公积——其他资本公积 650 000

    可供出售金融资产——公允价值变动 150 000

(4) 2009 年 12 月 31 日股票价格上涨：

权益工具不得转回减值损失。

账面价值＝170 万元

公允价值＝260 万元

借：可供出售金融资产——公允价值变动 900 000

  贷：资本公积——其他资本公积 900 000

15.【答案】

A 公司会计处理如下：

(1) 购入该楼时：

借：投资性房地产——成本 80 000 000

  贷：银行存款 80 000 000

(2) 2007 年 6 月 30 日后续计量时：

借：投资性房地产——公允价值变动 40 000 000

贷：公允价值变动损益　40 000 000

(3) 2007 年 7 月 15 日出售该楼时：

借：银行存款　125 000 000
　贷：其他业务收入　125 000 000
借：其他业务成本　120 000 000
　贷：投资性房地产——成本　80 000 000
　　投资性房地产——公允价值变动　40 000 000
借：公允价值变动损益　40 000 000
　贷：其他业务收入　40 000 000

16.【答案】

借：银行存款　10 000 000
　贷：其他业务收入　10 000 000
借：其他业务成本　6 100 000
　投资性房地产累计折旧（摊销）　2 400 000
　贷：投资性房地产　8 500 000

17.【答案】

该楼的账面价值 =（9 000 − 1 200 − 200）万元 = 7 600 万元

借：投资性房地产　84 000 000
　固定资产减值准备　2 000 000
　累计折旧　12 000 000
　贷：固定资产　90 000 000
　　资本公积——其他资本公积　8 000 000

18.【答案】

A 公司会计处理如下：

(1) 2007 年 1 月 1 日外购仓库时：

借：投资性房地产——成本　14 010 000
　贷：银行存款　14 010 000

(2) 2007 年 12 月 31 日，调整账面价值：

账面价值=1 401 万元，公允价值=1 520 万元

借：投资性房地产　1 190 000
　贷：公允价值变动损益　1 190 000

(3) 2008 年 12 月 31 日，调整账面价值：

账面价值=1 520 万元，公允价值=1 350 万元

借：公允价值变动损益　1 700 000
　贷：投资性房地产　1 700 000

19.【答案】

（1）2007 年 1 月 1 日将存货转为投资性房地产时：

借：投资性房地产——成本　　18 000 000
　　公允价值变动损益　　2 000 000
　　固定资产减值准备　　3 000 000
　　累计折旧　　5 000 000
　　贷：固定资产　　28 000 000

（2）2007 年 12 月 31 日：

① 收取租金时：

借：银行存款　　1 500 000
　　贷：其他业务收入　　1 500 000

② 后续计量时：

借：公允价值变动损益　　500 000
　　贷：投资性房地产——公允价值变动　　500 000

（3）2008 年 12 月 31 日：

① 收取租金时：

借：银行存款　　1 500 000
　　贷：其他业务收入　　1 500 000

② 后续计量时：

借：公允价值变动损益　　300 000
　　贷：投资性房地产——公允价值变动　　300 000

（4）2009 年 12 月 31 日：

① 收取租金时：

借：银行存款　　1 500 000
　　贷：其他业务收入　　1 500 000

② 后续计量时：

借：公允价值变动损益　　400 000
　　贷：投资性房地产——公允价值变动　　400 000

（5）2010 年 1 月 5 日出售该楼时：

借：银行存款　　18 000 000
　　贷：其他业务收入　　18 000 000

借：其他业务成本　　17 800 000
　　投资性房地产——公允价值变动　　200 000
　　贷：投资性房地产——成本　　18 000 000

借：其他业务收入　　2 200 000

贷：公允价值变动损益 2 200 000

20.【答案】

(1) 2007 年 1 月 1 日将自用房地产转为投资性房地产时：

借：投资性房地产——成本 22 000 000

贷：开发产品 20 000 000

资本公积——其他资本公积 2 000 000

(2) 2007 年 12 月 31 日：

① 收取租金时：

借：银行存款 1 000 000

贷：其他业务收入 1 000 000

② 后续计量时：

借：公允价值变动损益 500 000

贷：投资性房地产——公允价值变动 500 000

(3) 2008 年 12 月 31 日：

① 收取租金时：

借：银行存款 1 000 000

贷：其他业务收入 1 000 000

② 后续计量时：

借：公允价值变动损益 300 000

贷：投资性房地产——公允价值变动 300 000

(4) 2009 年 12 月 31 日：

① 收取租金时：

借：银行存款 1 000 000

贷：其他业务收入 1 000 000

② 后续计量时：

借：公允价值变动损益 700 000

贷：投资性房地产——公允价值变动 700 000

(5) 2010 年 1 月 5 日出售该楼时：

借：银行存款 20 800 000

贷：其他业务收入 20 800 000

借：其他业务成本 20 500 000

投资性房地产——公允价值变动 1 500 000

贷：投资性房地产——成本 22 000 000

借：其他业务收入 1 500 000

贷：公允价值变动损益 1 500 000

21.【答案】

(1) 2007 年 1 月 10 日：

借：固定资产 20 700 000

贷：投资性房地产——成本 19 000 000

投资性房地产——公允价值变动 1 000 000

公允价值变动损益 700 000

(2) 2008 年：

计提折旧＝2 070 万元÷15×11/12＝126.5 万元

借：管理费用 1 265 000

贷：累计折旧 1 265 000

第五章 固定资产

一、单项选择题

1. B　2. A　3. A　4. A　5. D
6. C　7. D　8. A　9. C　10. D

二、多项选择题

1. BD　2. AC　3. ABC　4. BD　5. ABDE
6. BCE　7. CD　8. BCE　9. AB　10. ABCD

三、判断题

1. ×　2. ×　3. ×　4. ○　5. ×
6. ○　7. ○　8. ×　9. ×　10. ×

四、计算与会计处理题

1.【答案】

(1) 支付设备的价款和运费：

借：在建工程　371 000
　　贷：银行存款　371 000

安装中领用原材料、工程物资、结转工资等：

借：在建工程　29 400
　　贷：原材料　10 000
　　　　应交税费——应交增值税（进项税额转出）　1 700
　　　　库存商品　10 000
　　　　应交税费——应交增值税（销项税额）　1 700
　　　　工程物资　5 000
　　　　应付职工薪酬　1 000

工程安装完毕，达到预定可使用状态，转入固定资产：

借：固定资产　400 400
　　贷：在建工程　400 400

(2) 接受投资：

借：在建工程 170 000

　　贷：实收资本 170 000

支付安装调试费：

借：在建工程 10 000

　　贷：银行存款 10 000

设备安装调试完毕，转入固定资产：

借：固定资产 180 000

　　贷：在建工程 180 000

(3) 将改扩建固定资产转入在建工程：

借：在建工程 35 000 000

　　累计折旧 15 000 000

　　贷：固定资产 50 000 000

开工时预付工程价款：

借：在建工程 300 000

　　贷：银行存款 300 000

改扩建过程中取得变价净收入：

借：银行存款 50 000

　　贷：在建工程 50 000

工程完工后补付工程款：

借：在建工程 500 000

　　贷：银行存款 500 000

工程完工，交付使用：

借：固定资产 35 750 000

　　贷：在建工程 35 750 000

(4) 转出出售固定资产的原值及累计折旧：

借：固定资产清理 650 000

　　累计折旧 200 000

　　贷：固定资产 850 000

收到出售收入存入银行：

借：银行存款 800 000

　　贷：固定资产清理 800 000

支付过户费等：

借：固定资产清理 3 000

　　贷：银行存款 3 000

计提应交税费：

借：固定资产清理 40 000

　　贷：应交税费——应交营业税 40 000

结转出售净收益：

借：固定资产清理 107 000

　　贷：营业外收入 107 000

(5) 核销该固定资产：

借：固定资产清理 750 000

　　累计折旧 200 000

　　固定资产减值准备 50 000

　　贷：固定资产 1 000 000

转入投资：

借：长期股权投资 720 000

　　营业外支出 30 000

　　贷：固定资产清理 750 000

2.【答案】

(1) 批准处理前：

借：待处理财产损溢——待处理固定资产损溢 10 000

　　累计折旧 90 000

　　贷：固定资产 100 000

批准处理后：

借：营业外支出 10 000

　　贷：待处理财产损溢——待处理固定资产损溢 10 000

(2) 发现未入账设备一台，重置完全价值为50 000元，估计该设备九成新。

借：固定资产 45 000

　　贷：以前年度损益调整 45 000

3.【答案】

(1) 固定资产折旧计算表（平均年限法）

单位：元

年 份	账面原值	年折旧率	年折旧额
第一年	120 000	19%	22 800
第二年	120 000	19%	22 800
第三年	120 000	19%	22 800
第四年	120 000	19%	22 800
第五年	120 000	19%	22 800
合 计			114 000

（2）固定资产折旧计算表（年数总和法）

单位：元

年 份	尚可使用年限	原值一净残值	年折旧率	年折旧额
第一年	5	114 000	5/15	38 000
第二年	4	114 000	4/15	30 400
第三年	3	114 000	3/15	22 800
第四年	2	114 000	2/15	15 200
第五年	1	114 000	1/15	7 600
合 计				114 000

（3）固定资产折旧计算表（双倍余额递减法）

单位：元

年 份	年初账面余额	年折旧率	年折旧额	年末账面余额
第一年	120 000	40%	48 000	72 000
第二年	72 000	40%	28 800	43 200
第三年	43 200	40%	17 280	25 920
第四年	25 920		9 960	15 960
第五年	15 960		9 960	6 000
合 计			114 000	

4.【答案】

（1）购买价款的现值为：

4 000 000 元×(P/F,10%,1)＋3 000 000 元×(P/F,10%,2)＋3 000 000 元×(P/F,10%,3)＝8 369 647 元

2007 年 1 月 1 日有关会计处理：

借：在建工程　　8 369 647

　　未确认融资费用　　1 630 353

贷：长期应付款　　10 000 000

借：在建工程　　50 000

贷：银行存款　　50 000

（2）确定信用期间未确认融资费用的分摊额如下表所示：

单位：元

日　期	分期付款额	确认的融资费用	应付本金减少额	应付本金余额
①	②	③=期初⑤×10%	④=②-③	期末⑤=期初⑤-④
2007.1.1				8 369 647
2007.12.31	4 000 000	836 964.7	3 163 035.3	5 206 611.7
2008.12.31	3 000 000	520 661.17	2 479 338.83	2 727 272.87
2009.12.31	3 000 000	272 727.13	2 727 272.87	0
合　计	10 000 000	1 630 353	8 369 647	

2007 年 12 月 31 日有关会计处理：

2007 年 1 月 1 日至 2007 年 12 月 31 日为设备的安装期间，未确认融资费用的分摊额符合资本化条件，计入固定资产成本。

借：在建工程　　836 964.70

贷：未确认融资费用　　836 964.70

借：长期应付款　　4 000 000

贷：银行存款　　4 000 000

借：固定资产　　9 256 611.70

贷：在建工程　　9 256 611.70

2008 年 12 月 31 日有关会计处理：

借：财务费用　　520 661.17

贷：未确认融资费用　　520 661.17

借：长期应付款　　3 000 000

贷：银行存款　　3 000 000

2009 年 12 月 31 日有关会计处理：略

5.【答案】

（1）2006 年 12 月 25 日购入设备：

借：固定资产　　8 000 000

贷：应付票据　　8 000 000

（2）2007 年 12 月 31 日、2008 年 12 月 31 日、2009 年 12 月 31 日分别计提折旧：

年折旧额$=\frac{8\ 000\ 000-400\ 000}{8}$元

$=950\ 000$ 元

借：制造费用　　950 000

　　贷：累计折旧　　950 000

(3) 2009 年 12 月 31 日计提资产减值准备：

至 2009 年 12 月 31 日累计折旧额＝950 000 元×3＝2 850 000 元

固定资产净值＝(8 000 000－2 850 000) 元＝5 150 000 元

计提固定资产减值准备的金额为：(5 150 000－4 400 000) 元＝750 000 元

借：资产减值损失　　750 000

　　贷：固定资产减值准备　　750 000

(4) 以后每年年末分别计提折旧：

$$年折旧额=\frac{8\ 000\ 000-400\ 000-2\ 850\ 000-750\ 000}{5}元$$

$=800\ 000$ 元

借：制造费用　　800 000

　　贷：累计折旧　　800 000

注：已计提的固定资产减值准备不允许转回。

第六章　无形资产

一、单项选择题

1. C　2. B　3. B　4. D　5. B
6. A　7. B　8. B　9. B　10. B

二、多项选择题

1. ABD　2. ABCDE　3. ABCDE　4. AE　5. BD
6. AB　7. AB　8. ABCDE　9. ABC　10. CD

三、判断题

1. ×　2. ×　3. ×　4. ○　5. ×
6. ×　7. ×　8. ○　9. ×　10. ×

四、计算与会计处理题

1.【答案】

(1) 借：无形资产——土地使用权　3 000 000
　　贷：实收资本　3 000 000

(2) 借：长期股权投资　3 500 000
　　　　累计摊销　2 000 000
　　贷：无形资产——专利权　5 000 000
　　　　营业外收入　500 000

(3) 相关费用发生时：

借：研发支出——费用化支出　700 000
　　　　　　——资本化支出　1 000 000
　贷：原材料　800 000
　　　应付职工薪酬　300 000
　　　银行存款　600 000

期末：

借：管理费用　700 000
　　无形资产　1 000 000

贷：研发支出——费用化支出　　700 000

　　　　　——资本化支出　　1 000 000

(4) 出售时：

借：银行存款　　500 000

　　累计摊销　　300 000

　　无形资产减值准备　　100 000

　　营业外支出　　125 000

　　贷：无形资产　　1 000 000

　　　　应交税费——应交营业税　　25 000

2.【答案】

(1) 2007 年 1 月 1 日购入专利权时：

借：无形资产——专利权　　900 000

　　贷：银行存款　　900 000

(2) 2007 年 12 月 31 日摊销：

借：管理费用　　90 000

　　贷：累计摊销　　90 000

2008 年 12 月 31 日、2009 年 12 月 31 日、2010 年 12 月 31 日摊销同上。

(3) 2010 年 12 月 31 日计提减值准备：

借：资产减值损失　　240 000

　　贷：无形资产减值准备　　240 000

(4) 2011 年 12 月 31 日摊销：

借：管理费用　　50 000

　　贷：累计摊销　　50 000

3.【答案】

(1) 经查表，3 年期利率 10%的年金现值系数为 2.487。则：

无形资产现值 = 400 000 元 × 2.487 = 994 800 元

借：无形资产——专利权　　994 800

　　未确认融资费用　　205 200

　　贷：长期应付款　　1 200 000

(2) 确定信用期间未确认融资费用的分摊额如下表所示：

单位：元

日　期	分期付款额	确认的融资费用	应付本金减少额	应付本金余额
①	②	③=期初⑤×10%	④=②-③	期末⑤=期初⑤-④
2007.1.5				994 800

（续）

日　期	分期付款额	确认的融资费用	应付本金减少额	应付本金余额
2007.12.31	400 000	99 480	300 520	694 280
2008.12.31	400 000	69 428	330 572	363 708
2009.12.31	400 000	36 292	363 708	0
合　计	1 200 000	205 200	994 800	

2007 年 12 月 31 日：

借：财务费用　　99 480

　　贷：未确认融资费用　　99 480

借：长期应付款　　400 000

　　贷：银行存款　　400 000

2008 年 12 月 31 日、2009 年 12 月 31 日会计处理同上。

第七章 流 动 负 债

一、单项选择题

1. B 2. C 3. A 4. D 5. C
6. B 7. C 8. B 9. C 10. D
11. B 12. D 13. B 14. B 15. C
16. A

二、多项选择题

1. ABCDE 2. ABCDE 3. ABDE 4. ABCD 5. BCD
6. BD 7. ABCD 8. ABCD 9. BCD 10. BC
11. ABCDE 12. ABCD 13. AC 14. AC 15. ABD

三、判断题

1. ○ 2. × 3. ○ 4. × 5. ○
6. × 7. ○ 8. ○ 9. × 10. ○
11. × 12. × 13. × 14. × 15. ×

四、计算与账务处理题

1.【答案】

（1）编制相关的会计分录

① 借：原材料 60万
　　应交税费——应交增值税（进项税额） 10.2万
　　贷：应付票据 70.2万

② 借：长期股权投资 47.97万
　　贷：原材料 41万
　　　　应交税费——应交增值税（销项税额） 6.97万

③ 借：应收账款 23.4万
　　贷：主营业务收入 20万
　　　　应交税费——应交增值税（销项税额） 3.4万
　借：主营业务成本 16万

贷：库存商品 16万

④ 借：在建工程 35.1万

贷：原材料 30万

应交税费——应交增值税（进项税额转出） 5.1万

⑤ 借：待处理财产损溢 11.7万

贷：原材料 10万

应交税费——应交增值税（进项税额转出） 1.7万

⑥ 借：应交税费——应交增值税（已交税金） 2.5万

贷：银行存款 2.5万

⑦ 借：应交税费——应交增值税（转出未交增值税） 0.47万

贷：应交税费——未交增值税 0.47万

（2）计算销项税额、应交增值税额和应交未交增值税额

5月份发生的销项税额为：(6.97＋3.4)万元＝10.37万元

5月份应交增值税额为：(10.37＋5.1＋1.7－10.2－4)万元＝2.97万元

5月份应交未交的增值税为：(2.97－2.5）万元＝0.47万元

2.【答案】

有关账务处理如下：

应向购买方收取的增值税＝10 000元×40×17%＝68 000元

应交纳的消费税＝10 000元×40×10%＝40 000元

借：应收账款 468 000

贷：主营业务收入 400 000

应交税费——应交增值税（销项税额） 68 000

借：营业税金及附加 40 000

贷：应交税费——应交消费税 40 000

借：主营业务成本 240 000

贷：库存商品 240 000

3.【答案】

（1）购进原材料：

借：原材料 702 000

贷：应付票据 702 000

（2）销售货物：

不含税价格＝916 900元÷(1＋6%)＝865 000元

应交增值税＝865 000元×6%＝51 900元

借：应收账款 916 900

贷：主营业务收入 865 000

应交税费——应交增值税 51 900

第八章　非流动负债

一、单项选择题

1. A　2. D　3. C　4. A　5. B
6. D　7. B　8. C　9. A　10. D
11. D

二、多项选择题

1. AD　2. BCD　3. ABCD　4. ABDE　5. ABC
6. BCDE　7. ACD　8. ABC　9. BD　10. ABCD
11. ABCD　12. ABCE　13. AD

三、判断题

1. ○　2. ○　3. ×　4. ○　5. ×
6. ○　7. ○　8. ○　9. ○　10. ○
11. ○　12. ×　13. ○　14. ×　15. ○

四、计算及会计处理题

1.【答案】

(1) 计算专门借款利息资本化金额：

2007 年专门借款利息资本化金额 ＝(2 000×8%－500×0.5%×6) 万元
＝145 万元

2008 年专门借款利息资本化金额 ＝(2 000×8%×180/360) 万元 ＝ 80 万元

(2) 计算一般借款利息资本化金额：

一般借款资本化率（年）＝(2 000×6%＋10 000×8%)/(2 000＋10 000)
＝7.67%

2007 年占用了一般借款资金的资产支出加权平均数＝2 000 万元×180/360
＝1 000 万元

2007 年一般借款利息资本化金额＝1 000 万元×7.67%＝76.70 万元

2008 年占用了一般借款资金的资产支出加权平均数 ＝(2 000＋1 500) 万元×180/360 ＝ 1 750 万元

2008 年一般借款利息资本化金额＝1 750 万元×7.67％＝134.23 万元

(3) 公司建造办公楼应予资本化的利息金额如下：

2007 年利息资本化金额 ＝(145＋76.70) 万元 ＝ 221.7 万元

2008 年利息资本化金额 ＝(80＋134.23) 万元 ＝ 214.23 万元

(4) 有关利息费用资本化的会计分录如下：

2007 年：

借：在建工程　　2 217 000

　　贷：应付利息　　2 217 000

2008 年：

借：在建工程　　2 142 300

　　贷：应付利息　　2 142 300

2.【答案】

(1) 应付债券利息调整和摊余成本计算表如下表所示：

单位：万元

时　间	年初摊余成本	当年利息费用	还款额	追加本金额
2008 年	7 755.00	437.38	360.00	77.38
2009 年	7 832.38	441.75	360.00	81.75
2010 年	7 914.13	445.87	360.00	85.87

(2)

① 2007 年 12 月 31 日发行债券：

借：银行存款　　7 755

　　应付债券——利息调整　　245

　　贷：应付债券——面值　　8 000

② 2008 年 12 月 31 日计提利息：

借：在建工程　　437.38

　　贷：应付债券——利息调整　　77.38

　　　　应付利息　　360

③ 2010 年 12 月 31 日计提利息：

借：财务费用　　445.87

　　贷：应付债券——利息调整　　85.87

　　　　应付利息　　360

注释：2009 年度的利息调整摊销额 ＝(7 755＋77.38) 万元×5.64％－8 000 万元×4.5％ ＝81.75万元，2010 年度属于最后一年，利息调整摊销额应采用倒挤的方法计算，所以应是 ＝(245－77.38－81.75) 万元 ＝85.87 万元

④ 2011 年 1 月 10 日付息还本：

借：应付债券——面值　　8 000

　　应付利息　　360

　　贷：银行存款　　8 360

第九章　所有者权益

一、单项选择题

1. C	2. B	3. B	4. D	5. B
6. C	7. B	8. A	9. B	10. B
11. B	12. D	13. B	14. A	

二、多项选择题

1. ABD	2. ACD	3. ABCDE	4. ABCD	5. DE
6. BCD	7. ABD	8. BD	9. ABDE	10. BD
11. AC	12. ABD	13. ADE		

三、判断题

1. ×	2. ×	3. ○	4. ○	5. ×
6. ×	7. ×	8. ×	9. ○	10. ×
11. ×	12. ○			

四、计算与会计处理题

1.【答案】

（1）期末可供出售金融资产按照公允价值计量：

借：可供出售金融资产　　200 000

　　贷：资本公积——其他资本公积　　200 000

（2）增资：

借：资本公积　　90 000

　　贷：实收资本——A　　30 000

　　　　　　　　——B　　30 000

　　　　　　　　——C　　30 000

（3）盈余公积补亏：

借：盈余公积　　100 000

　　贷：利润分配——盈余公积补亏　　100 000

（4）提取盈余公积：

借：利润分配——提取盈余公积　　38 000
　　贷：盈余公积　　38 000

（5）增资：

借：固定资产　　1 000 000
　　原材料　　500 000
　　应交税费——应交增值税（进项税额）　　58 500
　　贷：实收资本——D　　1 000 000
　　　　资本公积——资本溢价　　585 000

注：该公司年初注册资本为 291 万元，用 9 万元资本公积转增资本后，实收资本为 300 万元，原 3 个投资者各占 1/3，D 公司作为新投资者投入 158.5 万元，占 1/4，可见注册资本将变更为 400 万元。

2.【答案】

（1）借：库存股　　8 000 万
　　　　贷：银行存款　　8 000 万
　　借：股本　　1 600 万
　　　　资本公积　　6 000 万
　　　　盈余公积　　400 万
　　　　贷：库存股　　8 000 万

（2）借：长期股权投资——丙公司（损益调整）　　54 万
　　　　（其他权益变动）　　36 万
　　　　贷：投资收益　　54 万
　　　　　　资本公积——其他资本公积　　36 万

（3）借：本年利润　　800 万
　　　　贷：利润分配——未分配利润　　800 万
　　借：利润分配——提取法定盈余公积　　80 万
　　　　　　　　——应付股利　　320 万
　　　　贷：盈余公积　　80 万
　　　　　　应付股利　　320 万

3.【答案】

（1）甲公司 2009 年 3 月提取法定盈余公积：

借：利润分配——提取法定盈余公积　　40 万
　　贷：盈余公积——法定盈余公积　　40 万
借：利润分配——未分配利润　　40 万
　　贷：利润分配——提取法定盈余公积　　40 万

（2）甲公司 2009 年 5 月宣告分派现金股利：

借：利润分配——应付股利　　　　　　　　　　300 万
　　贷：应付股利　　　　　　　　　　　　　　　　300 万
借：利润分配——未分配利润　　　　　　　　　300 万
　　贷：利润分配——应付股利　　　　　　　　　　300 万
(3) 甲公司 2009 年 6 月资本公积转增股本：
借：资本公积　　　　　　　　　　　　　　　4 000 万
　　贷：股本　　　　　　　　　　　　　　　　　4 000 万
(4) 甲公司 2009 年度结转当年净亏损：
借：利润分配——未分配利润　　　　　　　　3 142 万
　　贷：本年利润　　　　　　　　　　　　　　　3 142 万
(5) 甲公司 2010 年 5 月以法定盈余公积弥补亏损：
借：盈余公积——法定盈余公积　　　　　　　　200 万
　　贷：利润分配——盈余公积补亏　　　　　　　　200 万
借：利润分配——盈余公积补亏　　　　　　　　200 万
　　贷：利润分配——未分配利润　　　　　　　　　200 万

第十章　收入、费用、利润

一、单项选择题

1. A　2. C　3. B　4. D　5. C
6. A　7. D　8. B　9. D　10. D
11. C　12. C　13. C　14. A　15. A
16. A　17. B　18. A　19. B　20. D
21. C　22. A　23. A　24. B　25. C
26. C　27. A　28. D　29. A　30. D

二、多项选择题

1. ACE　2. BD　3. ABCD　4. BE　5. ABCD
6. AE　7. ABCE　8. BCDE　9. BCD　10. AB
11. AC　12. CD　13. ABC　14. ABCDE　15. ACDE
16. ABCDE　17. ABDE　18. AB　19. ACDE　20. ABCE
21. ABCE　22. ABCE　23. ABCE　24. ABCDE

三、判断题

1. ×　2. ○　3. ○　4. ×　5. ×
6. ×　7. ○　8. ×　9. ×　10. ×
11. ×　12. ○　13. ×　14. ×　15. ×
16. ○　17. ○　18. ○　19. ○　20. ○

四、计算与会计处理题

1.【答案】

(1) 预收方式销售货物，在货物发出时间确认收入：

借：银行存款　300 000
　　贷：预收账款——乙公司　300 000

(2) 销售即确认收入：

借：库存现金　222 300
　　贷：主营业务收入　190 000

应交税费——应交增值税（销项税额） 32 300

（3）销售即确认收入：

借：应收账款 585 000

贷：主营业务收入 500 000

应交税费——应交增值税（销项税额） 85 000

（4）因相关的经济利益不能流入企业，所以不确认收入：

借：发出商品 70 200

贷：库存商品 70 200

2.【答案】

（1）借：银行存款 30 000

贷：预收账款——长江公司 30 000

（2）借：应收账款——黄河公司 1 111 500

贷：主营业务收入 950 000

应交税费——应交增值税（销项税额） 161 500

借：主营业务成本 750 000

贷：库存商品——乙 750 000

（3）借：应收账款——黄河公司 123 250

贷：主营业务收入 100 000

应交税费——应交增值税（销项税额） 17 000

银行存款 6 250

借：主营业务成本 80 000

贷：库存商品——乙 80 000

（4）借：预收账款——长江公司 29 500

贷：主营业务收入 25 000

应交税费——应交增值税（销项税额） 4 250

银行存款 250

借：主营业务成本 20 000

贷：库存商品——甲 20 000

借：预收账款——长江公司 500

贷：银行存款 500

（5）借：主营业务收入 6 000

应交税费——应交增值税（销项税额） 1 020

贷：银行存款 7 020

借：库存商品——甲 4 000

贷：主营业务成本 4 000

(6) 借：银行存款 1 092 500
财务费用 19 000
贷：应收账款——黄河公司 1 111 500

3.【答案】

(1) 按视同买断代销方式编制 A、B 公司的会计分录：

A 企业应作如下分录：

① 发出商品时：不作账务处理。

② 收到代销清单时：

借：应收账款——B 企业 117 000
贷：主营业务收入 100 000
应交税费——应交增值税（销项税额） 17 000

同时结转成本，

借：主营业务成本 80 000
贷：库存商品 80 000

③ 收到货款时：

借：银行存款 117 000
贷：应收账款——B 企业 117 000

B 企业应作如下分录：

① 收到商品时：

借：代理业务资产（或受托代销商品） 100 000
贷：代理业务负债（或受托代销商品款） 100 000

② 实际销售商品时：

借：银行存款 163 800
贷：主营业务收入 140 000
应交税费——应交增值税（销项税额） 23 800

借：主营业务成本 100 000
贷：代理业务资产（或受托代销商品） 100 000

借：代理业务负债（或受托代销商品款） 100 000
贷：应付账款——A 企业 100 000

③ 将款项支付给委托企业时：

借：应付账款——A 企业 100 000
应交税费——应交增值税（进项税额） 17 000
贷：银行存款 117 000

(2) 按收取手续费代销方式编制 A、B 公司的会计分录（手续费按代销价款的 10%计算）：A 企业有关分录如下：

① 发出商品时：

借：委托代销商品　　80 000

　　贷：库存商品　　80 000

② 收到代销清单时：

借：应收账款——B企业　　117 000

　　贷：主营业务收入　　100 000

　　　　应交税费——应交增值税（销项税额）　　17 000

同时，结转成本：

借：主营业务成本　　80 000

　　贷：委托代销商品　　80 000

计算代销手续费时：

借：销售费用——代销手续费　　10 000

　　贷：应收账款——B企业　　10 000

③ 收到货款净额时：

借：银行存款　　107 000

　　贷：应收账款——B企业　　107 000

B企业应做如下分录：

① 收到商品时：

借：代理业务资产（或受托代销商品）　　100 000

　　贷：代理业务负债（或受托代销商品款）　　100 000

② 实际销售商品时：

借：银行存款　　117 000

　　贷：应付账款——A企业　　100 000

　　　　应交税费——应交增值税（销项税额）　　17 000

借：应交税费——应交增值税（进项税额）　　17 000

　　贷：应付账款——A企业　　17 000

借：代理业务负债（或受托代销商品款）　　100 000

　　贷：代理业务资产（或受托代销商品）　　100 000

③ 将款项支付给委托企业并计算代销手续费时：

借：应付账款——A企业　　117 000

　　贷：银行存款　　107 000

　　　　主营业务收入　　10 000

4.【答案】

(1) 结转损益类账户：

借：主营业务收入　　3 100 000

　　其他业务收入　　　　1 920 000
　　投资收益　　　　240 000
　　营业外收入　　　　92 000
　　贷：本年利润　　　　5 352 000
借：本年利润　　　　3 775 000
　　贷：主营业务成本　　　　1 740 000
　　　　营业税金及附加　　　　20 000
　　　　管理费用　　　　17 000
　　　　销售费用　　　　30 000
　　　　财务费用　　　　80 000
　　　　其他业务成本　　　　1 220 000
　　　　营业外支出　　　　116 000
　　　　所得税费用　　　　552 000

(2) 计算并结转本年净损益：

(5 352 000－3 775 000) 元＝1 577 000 元

借：本年利润　　　　1 577 000
　　贷：利润分配——未分配利润　　　　1 577 000

(3) 进行利润分配：

借：利润分配——提取法定盈余公积　　　　157 700
　　　　　　——提取任意盈余公积　　　　78 850
　　贷：盈余公积——法定盈余公积　　　　157 700
　　　　　　　　——任意盈余公积　　　　78 850
借：利润分配——应付现金股利　　　　600 000
　　贷：应付股利　　　　600 000

实际发放股利时：

借：应付股利　　　　600 000
　　贷：银行存款　　　　600 000

结转利润分配各明细科目时：

借：利润分配——未分配利润　　　　236 550
　　贷：利润分配——提取法定盈余公积　　　　157 700
　　　　　　　　——提取任意盈余公积　　　　78 850
借：利润分配——未分配利润　　　　600 000
　　贷：利润分配——应付现金股利　　　　600 000

5.【答案】

(1) 发出商品时：

借：银行存款 52 650
　　贷：主营业务收入 45 000
　　　　应交税费——应交增值税（销项税额） 7 650
结转成本时：
借：主营业务成本 31 500
　　贷：库存商品——C 31 500
（2）销售商品时：
借：应收票据 40 950
　　贷：主营业务收入 35 000
　　　　应交税费——应交增值税（销项税额） 5 950
结转成本时：
借：主营业务成本 20 000
　　贷：库存商品——B 20 000
（3）发出商品时：
借：应收账款 936 000
　　贷：主营业务收入 800 000
　　　　应交税费——应交增值税（销项税额） 136 000
收到货款时：
借：银行存款 936 000
　　贷：应收账款 936 000
结转成本时：
借：主营业务成本 500 000
　　贷：库存商品——A 500 000
（4）销售退回时：
借：主营业务收入 80 000
　　应交税费——应交增值税（销项税额） 13 600
　　贷：银行存款 93 600
借：库存商品——A 50 000
　　贷：主营业务成本 50 000
（5）支付本月期间费用时：
借：管理费用 6 000
　　销售费用 5 000
　　财务费用 20 000
　　贷：银行存款 31 000
（6）取得罚款收入时：

借：银行存款　　20 000
　　贷：营业外收入——罚款净收入　　20 000

(7) 结转固定资产盘亏净损失时：

借：营业外支出——固定资产盘亏　　18 000
　　贷：待处理财产损溢　　18 000

(8) 出售无形资产时：

借：银行存款　　100 000
　　累计摊销　　20 000
　　贷：无形资产　　100 000
　　　　应交税费——应交营业税　　5 000
　　　　营业外收入——出售无形资产收益　　15 000

(9)

营业利润 = [(45 000 + 35 000 + 800 000 − 80 000) − (31 500 + 20 000 + 500 000 − 50 000) − 6 000 − 5 000 − 20 000]元
= 267 500 元

利润总额 = (267 500 + 35 000 − 18 000) 元 = 284 500 元

所得税费用 = 284 500 元 × 25% = 71 125 元

税后利润 = (2 000 000 + 284 500) 元 − (500 000 + 71 125) 元 = 1 713 375 元

提取盈余公积 = 1 713 375 元 × 10% = 171 337.5 元

分配现金股利 = 1 713 375 元 × 60% = 1 028 025 元

(10) 结转全年利润时：

借：本年利润　　1 713 375
　　贷：利润分配——未分配利润　　1 713 375

借：利润分配——提取法定盈余公积　　171 337.5
　　贷：盈余公积——法定盈余公积　　171 337.5

借：利润分配——应付现金股利　　1 028 025
　　贷：应付股利　　1 028 025

借：利润分配——未分配利润　　1 199 362.5
　　贷：利润分配——提取法定盈余公积　　171 337.5
　　　　　　　　——应付现金股利　　1 028 025

6.【答案】

借：利润分配——应付现金股利　　6 000 000
　　　　　　——转作股本的股利　　10 000 000
　　贷：应付股利　　6 000 000
　　　　股本　　10 000 000

7.【答案】

甲公司 2008 年固定资产账面价值 ＝ 100－100×20％/2 ＝ 90 万元

固定资产计税基础 ＝ 100 万元－100 万元×10％/2 ＝ 95 万元

应增加递延所得税资产 ＝（95－90）万元×25％ ＝ 1.25 万元

应纳所得税额 ＝（500＋20＋5）万元×25％ ＝ 131.25 万元

所得税费用 ＝（131.25－1.25）万元 ＝ 130 万元

借：所得税费用　130

　递延所得税资产　1.25

　贷：应交税费——应交所得税　131.25

8.【答案】

（1）应纳所得税额

＝（税前会计利润 110－公允价值变动损益 15＋预计保修费用 5）×33％

＝ 33 万元

（2）确认年末递延所得税资产或递延所得税负债：

交易性金融资产产生的递延所得税负债年末余额＝ 15 万元×25％

＝ 3.75 万元

预计负债产生的递延所得税资产 ＝ 5 万元×25％ ＝ 1.25 万元

（3）计算所得税费用：

2007 年所得税费用

＝本期应交所得税＋（期末递延所得税负债－期初递延所得税负债）－（期末递延所得税资产－期初递延所得税资产）

＝［33＋（3.75－0）－（1.25－0）］万元

＝ 35.5 万元

借：所得税费用　35.5

　递延所得税资产　1.25

　贷：应交税费——应交所得税　33

　　递延所得税负债　3.75

9.【答案】

（1）存货账面余额 3 000 万元，计提存货跌价准备 200 万元，存货的账面价值为 2 800 万元。而存货的计税基础为 3 000 万元，形成可抵扣暂时性差异 200 万元。按照规定，应将可抵扣暂时性差异对未来所得税的影响，确认为递延所得税资产，列示在资产负债表中：

存货产生的递延所得税资产年末余额

＝可抵扣暂时性差异×所得税税率

＝ 200 万元×25％

＝50 万元

（2）2008 年末固定资产账面价值

＝固定资产原价－累计折旧

＝3 000 万元－（3 000×5/15＋3 000×4/15）万元

＝3 000 万元－（1 000＋800）万元

＝1 200 万元

固定资产的计税基础

＝3 000 万元－（3 000/5×2）万元

＝3 000 万元－1200 万元

＝1 800 万元

资产的账面价值 1 200 万元与计税基础 1 800 万元形成可抵扣暂时性差异 600 万元。按照规定，应将可抵扣暂时性差异对未来所得税的影响，确认为递延所得税资产，列示在资产负债表中：

固定资产形成的递延所得税资产年末余额

＝可抵扣暂时性差异×所得税税率

＝600 万元×25％

＝150 万元

（3）交易性金融资产的账面价值为 600 万元，其计税基础为 640 万元，形成可抵扣暂时性差异 40 万元。按照规定，应将可抵扣暂时性差异对未来所得税的影响确认为递延所得税资产，列示在资产负债表中：

交易性金融资产产生的递延所得税资产年末余额

＝可抵扣暂时性差异×所得税税率

＝40 万元×25％

＝10 万元

10.【答案】

（1）甲企业 2008 年所得税会计的账务处理：

2008 年当期应交所得税：

应纳税所得额

＝（10 000 000＋100 000－1 000 000＋80 000＋200 000＋300 000）元

＝9 680 000 元

应交所得税＝9 680 000 元×25％

＝2 420 000 元

2008 年递延所得税：

该企业 2008 年资产负债表相关项目账面价值及计税基础如表 10-1 所示。

表 10-1 相关资料表 单位：元

项　　目	账面价值	计税基础	暂时性差异	
			应纳税暂时性差异	可抵扣暂时性差异
存货	2 200 000	2 300 000		100 000
交易性金融资产	5 500 000	4 500 000	1 000 000	
固定资产	640 000	720 000		80 000
预计负债	300 000	0		300 000
合计			1 000 000	480 000

递延所得税费用＝1 000 000元×25%－480 000元×25%＝130 000元

利润表中应确认的所得税费用：

所得税费用＝(2 420 000＋13 000)元＝2 550 000元

借：所得税费用　　2 550 000

　　递延所得税资产　　120 000

　　贷：应交税费——应交所得税　　2 420 000

　　　　递延所得税负债　　250 000

(2) 甲企业2009年所得税会计的账务处理：

假定该企业2009年甲企业应交所得税为500万元，资产负债表中有关资产、负债的账面价值与计税基础如表10-2所示。

表 10-2 相关资料表 单位：元

项　　目	账面价值	计税基础	暂时性差异	
			应纳税暂时性差异	可抵扣暂时性差异
存货	3 500 000	4 100 000		600 000
交易性金融资产	5 700 000	5 600 000	100 000	
固定资产	512 000	640 000		128 000
预计负债	300 000	0		300 000
合计			100 000	1 028 000

2009年当期递延所得税：

期末递延所得税负债(100 000×25%)　　25 000

期初递延所得税负债　　250 000

递延所得税负债减少　　225 000

期末递延所得税资产(1 028 000×25%)　　257 000

期初递延所得税资产　　120 000

递延所得税资产增加　　137 000

递延所得税费用(收益)＝(－225 000－137 000)元＝－362 000元

利润表中应确认的所得税费用：

所得税费用 =（5 000 000 − 362 000）元 = 4 638 000 元

借：所得税费用　　4 638 000

　　递延所得税资产　　137 000

　　递延所得税负债　　225 000

　　贷：应交税费——应交所得税　　5 000 000

第十一章　租　　赁

一、单项选择题

1. A　2. D　3. C　4. C　5. A
6. B　7. C　8. A　9. B　10. A

二、多项选择题

1. ADE　2. CD　3. ABC　4. ABCD　5. AC
6. ABCDE　7. CD　8. ABD　9. BD　10. ADE

三、判断题

1. ○　2. ○　3. ×　4. ×　5. ×
6. ×　7. ×　8. ×　9. ○　10. ○

四、计算与会计处理题

1.【答案】

(1) 承租人A公司有关会计处理如下：

1) 判断租赁类型：

本题中租赁期4年占租赁资产使用寿命（8年）的50%，小于75%，未满足融资租赁的第3条标准。但本例中存在优惠购买选择权，优惠购买价800元远低于行使选择权日租赁资产的公允价值20 000元，因此在2006年12月25日就可合理确定A公司将会行使这种选择权；此外，最低租赁付款额的现值为562 207.52元（计算过程见后）大于租赁资产公允价值的90%即495 000元，满足融资租赁的第1条和第4条标准。因此这项租赁应当认定为融资租赁。

2) 计算租赁开始日最低租赁付款额的现值，确定租赁资产入账价值：

最低租赁付款额＝各期租金之和＋行使优惠购买选择权支付的金额

＝(80 000×8＋800)元

＝640 800元

计算现值的过程如下：

每期租金80 000元的年金现值＝80 000×(P/A,8,3%)

＝80 000元×7.0197

$= 561\ 576$ 元

优惠购买选择权行使价 800 元的复利现值 $= 800 \times (P/V, 8, 3\%)$

$= 800$ 元 $\times 0.7894$

$= 631.52$ 元

现值合计 $=(561\ 576 + 631.52)$ 元 $= 562\ 207.52$ 元 $> 550\ 000$ 元

因此，租赁资产的入账价值为租赁开始日的公允价值 550 000 元。

3）计算未确认融资费用：

未确认融资费用＝最低租赁付款额－租赁资产的入账价值

＝(640 800－550 000) 元

＝90 800 元

综上，租赁期开始日 2007 年 1 月 1 日的会计分录为：

借：固定资产——融资租入固定资产 550 000

未确认融资费用 90 800

贷：长期应付款——应付融资租赁款 640 800

初始直接费用的会计处理为：

借：固定资产——融资租入固定资产 15 000

贷：银行存款 15 000

4）未确认融资费用的分摊：

融资费用分摊率的计算：

由于该租赁资产入账价值为租赁开始日的公允价值，且不存在承租人担保余值，但存在优惠购买选择权，因此应重新计算融资费用分摊率。

租赁开始日最低租赁付款额的现值＝租赁开始日租赁资产公允价值

$$80\ 000 \times PA(8,r) + 800 \times PV(8,r) = 550\ 000 \text{ 元}$$

可在多次测试的基础上，用插值法计算融资费用分摊率。

当 $r=3\%$ 时：

80 000 元 $\times 7.019\ 7 + 800$ 元 $\times 0.789\ 4 = 562\ 207.52$ 元 $> 550\ 000$ 元

当 $r=4\%$ 时：

$80\ 000 \times 6.732\ 7 + 800 \times 0.730\ 7 = 539\ 200.56$ 元 $< 550\ 00$ 元

因此，$3\% < r < 4\%$。用插值法计算 $r=3.53\%$。

在租赁期内采用实际利率法分摊融资费用如下表所示：

单位：元

日　期	租　金	确认的融资费用	应付本金减少额	应付本金余额
①	②	③＝期初⑤×3.53%	④＝②－③	期末⑤＝期初⑤－④
2007.1.1				550 000.00

（续）

日　期	租　金	确认的融资费用	应付本金减少额	应付本金余额
2007.6.30	80 000	19 415.00	60 585.00	489 415.00
2007.12.31	80 000	17 276.35	62 723.65	426 691.35
2008.6.30	80 000	15 062.20	64 937.80	361 753.55
2008.12.31	80 000	12 769.90	67 230.10	294 523.45
2009.6.30	80 000	10 396.68	69 603.32	224 920.13
2009.12.31	80 000	7 939.68	72 060.32	152 859.81
2010.6.30	80 000	5 395.95	74 604.05	78 255.76
2010.12.31	80 000	2 544.24	77 455.76	800.00
2011.1.1	800		800.00	
合　计	640 800	90 800.00	550 000.00	2 029 219.07

有关会计分录如下（为简化计算过程，假设 A 公司每 6 个月分摊一次未确认的融资费用）：

2007 年 6 月 30 日，支付第一期租金：

借：长期应付款——应付融资租赁款　　80 000

　　贷：银行存款　　80 000

注：以后各期 A 公司支付租金的会计分录同上。

同时：

借：财务费用　　19 415

　　贷：未确认融资费用　　19 415

其余各期确认融资的会计分录略。

5）2011 年 1 月 1 日支付行使优惠购买选择权购买机器款：

借：长期应付款——应付融资租赁款　　800

　　贷：银行存款　　800

同时：

借：固定资产　　550 000

　　贷：固定资产——融资租入固定资产　　550 000

6）租赁资产折旧的计提，此略。

7）或有租金的会计处理：

A 公司 2007 年度、2008 年度、2009 年度使用该机器所生产的产品的年销售收入分别为 100 000 元、120 000 元、150 000 元和 200 000 元。根据合同规定的比率 2%需支付给 B 公司经营分享收入分别为 2 000 元、2 400 元、3 000 元和 4 000 元。有关会计分录为：

2007 年 12 月 31 日：

借：销售费用 2 000

  贷：其他应付款（银行存款） 2 000

其余略。

(2) 出租人 B 公司相关的会计分录如下：

1) 租赁期开始日的有关会计处理：

判断租赁类型：

经判断，这项租赁应当认定为融资租赁，具体分析见 A 公司分析。

计算租赁开始日最低租赁收款额：

最低租赁收款额＝最低租赁付款额＝640 800 元

2) 计算租赁内含利率：

$$80\,000 \times PA(8,r) + 800 \times PV(8,r) = (550\,000 + 10\,000)\text{元} = 560\,000\text{元}$$

可在多次测试的基础上，用插值法计算融资费用分摊率。

当 $r=3\%$时：

80 000 元×7.019 7＋800 元×0.789 4＝562 207.52 元＞560 000 元

当 $r=4\%$时：

80 000 元×6.732 7＋800 元×0.730 7＝539 200.56 元＜560 000 元

$$\frac{562\,207.52 - 560\,000}{562\,207.52 - 539\,200.56} = \frac{3\% - r}{3\% - 4\%}$$

因此，$5\% < r < 6\%$。用插值法计算如下：

经计算，$r=3.1\%$，即融资收益的分摊率为 3.1%。

3) 计算租赁开始日最低租赁收款额及其现值和未实现融资收益：

应收融资租赁款入账价值＝(640 800＋10 000) 元＝650 800 元

最低租赁收款额现值＝租赁开始日租赁资产公允价值＝550 000 元

未实现融资收益＝(640 800－550 000) 元

  ＝90 800 元

综上，租赁开始日 2007 年 1 月 1 日的会计分录为：

借：长期应收款 650 800

  贷：融资租赁资产 540 000

    营业外收入 10 000

    未实现融资收益 90 800

    银行存款 10 000

(3) 未确认融资收益的分配：

1) 融资收益分配的计算如下表所示：

单位：元

日　期	租　金	确认的融资收入	租赁投资净额减少额	租赁投资净额余额
①	②	③＝期初⑤×3.1%	④＝②－③	期末⑤＝期初⑤－④
2007.1.1				550 000.00
2007.6.30	80 000	17 050.00	62 950.00	487 050.00
2007.12.31	80 000	15 098.55	64 901.45	422 148.55
2008.6.30	80 000	13 086.61	66 913.39	355 235.16
2008.12.31	80 000	11 012.29	68 987.71	286 247.44
2009.6.30	80 000	8 873.67	71 126.33	215 121.12
2009.12.31	80 000	6 668.75	73 331.25	141 789.87
2010.6.30	80 000	4 395.49	75 604.51	66 185.36
2010.12.31	80 000	14 614.64	65 385.36	800.00
2011.1.1	800		800.00	
合　计	640 800	90 800.00	550 000.00	

2）有关会计分录如下（为简化计算过程，假设B企业每6个月分配一次未确认的融资收益）：

2007年6月30日，收到A公司支付的第一期租金：

借：银行存款　　80 000

　　贷：长期应收款　　80 000

注：以后各期收到A公司支付的各期租金的会计分录同上。

同时：

借：未实现融资收益　　17 050

　　贷：租赁收入　　17 050

其余各期略。

(4) 2011年1月1日收到A公司支付的购买机器款：

借：银行存款　　800

　　贷：长期应收款　　800

(5) 或有租金的会计处理：

出租人收到的或有租金应在实际发生时确认为当期收入。

2007年12月31日：

借：银行存款（或应收账款）　　2 000

　　贷：租赁收入　　2 000

其余各年略。

2.【答案】

(1) 判断租赁类型：

该项租赁属于融资租赁。

(2) 计算未实现售后租回损益：

递延收益＝售价－资产的账面价值

＝[550 000－(600 000－90 000)]元

＝40 000 元

会计处理如下：

2006 年 12 月 25 日，结转出售固定资产的成本：

借：固定资产清理	510 000	
累计折旧	90 000	
贷：固定资产		600 000

2006 年 12 月 25 日，向乙公司出售专用机床：

借：银行存款	550 000	
贷：递延收益——未实现售后租回损益		40 000
固定资产清理		510 000

第十二章 债务重组

一、单项选择题

1. A　2. A　3. C　4. B　5. C
6. A　7. B　8. A　9. C　10. C

二、多项选择题

1. ABC　2. ABCD　3. DABC　4. ABCDE　5. ABCDE
6. BDCA　7. BCD　8. ABCD　9. ABCD　10. ABC

三、判断题

1. ×　2. ×　3. ○　4. ×　5. ×
6. ○　7. ○　8. ○　9. ×　10. ○

四、计算与会计处理题

1.【答案】

A 企业（债权人）：

借：银行存款　298 450
　　营业外支出——债务重组损失　35 000
　　贷：应收账款——B 企业　333 450

B 企业（债务人）：

借：应付账款——A 企业　333 450
　　贷：银行存款　298 450
　　　　营业外收入——债务重组利得　35 000

2.【答案】

A 企业（债权人）：

借：库存商品　272 000
　　应交税费——应交增值税（进项税额）　46 240
　　坏账准备　4 080
　　营业外支出——债务重组损失　35 700
　　贷：应收账款——B 企业　358 020

其中，A 企业接受 B 企业用于还债的商品时应负担的增值税进项税额 = 272 000 元 × 17% = 46 240 元

B 企业（债务人）：

借：应付账款——A 企业　　358 020

　　存货跌价准备　　3 060

　　贷：主营业务收入　　272 000

　　　　应交税费——应交增值税（销项税额）　　46 240

　　　　营业外收入——债务重组利得　　42 840

借：主营业务成本　　238 000

　　贷：库存商品　　238 000

3.【答案】

债务重组日 A 公司应收票据本息和 = 28.5 万元 × [1 + (3%/12) × 6] = 28.927 5 万元

A 公司（债权人）：

借：固定资产　　260 000

　　营业外支出——债务重组损失　　29 275

　　贷：应收票据　　289 275

需要说明的是，由于在债务重组日 A 公司已经对该应收票据进行计息，已经在计息时编制了借记“应收票据”4 275 元，贷记“财务费用”4 275 元的会计分录，所以 A 公司在债务重组时，可直接贷记“应收票据”账户 289 275 元。

B 公司（债务人）：

(1) 借：固定资产清理　　240 000

　　　　累计折旧　　50 000

　　　　贷：固定资产　　290 000

(2) 借：固定资产清理　　600

　　　　贷：银行存款　　600

(3) 借：应付票据　　289 275

　　　　固定资产减值准备　　20 000

　　　　贷：固定资产清理　　240 600

　　　　　　营业外收入——处置固定资产利得　　39 400

　　　　　　营业外收入——债务重组利得　　29 275

其中，处置固定资产利得 = 260 000 元 − [(290 000 − 50 000) − 20 000] 元 − 600 元 = 39 400 元

债务重组利得 = (289 275 − 260 000) 元 = 29 275 元

需要说明的是，由于在债务重组日 B 公司已经对该应付票据进行计息，已

经在计息时编制了借记“财务费用”4 275 元，贷记“应付票据”4 275 元的会计分录，所以 B 公司在债务重组时，可直接借记“应付票据”账户 289 275 元。

4.【答案】

A 公司（债权人）：

借：无形资产　　700 000

　　营业外支出——债务重组损失　　4 000

　　贷：应收账款——B 公司　　704 000

B 公司（债务人）：

借：应付账款——A 公司　　704 000

　　累计摊销　　210 000

　　无形资产减值准备　　132 000

　　贷：无形资产　　1 000 000

　　　　应交税费——应交营业税　　35 000

　　　　营业外收入——处置无形资产利得　　7 000

　　　　营业外收入——债务重组利得　　4 000

其中，处置无形资产利得＝［700 000－(1 000 000－210 000－132 000)－35 000］元＝7 000 元

债务重组利得＝(704 000－700 000) 元＝4 000 元

5.【答案】

A 公司（债权人）：

借：长期股权投资　　780 000

　　坏账准备　　184 000

　　营业外支出——债务重组损失　　71 000

　　贷：应收账款——B 公司　　1 035 000

B 公司（债务人）：

借：应付账款——A 公司　　1 035 000

　　长期股权投资减值准备　　345 000

　　贷：长期股权投资　　1 104 000

　　　　银行存款　　3 680

　　　　投资收益——处置长期股权投资利得　　17 320

　　　　营业外收入——债务重组利得　　255 000

其中，处置长期股权投资利得＝［780 000－(1 104 000－345 000)－3 680］元
＝17 320 元

债务重组利得＝(1 035 000－780 000) 元
＝255 000 元

6.【答案】

A 公司（债权人）：债权变股权。

借：长期股权投资　　　　400 800

　　营业外支出——债务重组损失　　　　28 400

　　贷：应收票据　　　　428 400

　　　　银行存款　　　　800

重组日票据本息和 $= 420\ 000$ 元 $\times[1+(4\%/12)\times 6] = 428\ 400$ 元，其中利息 8 400 元已经在计息时，计入了“应收票据”账户的借方。

债权人缴纳的印花税 800 元（$160\ 000\times 2.5\times 2‰=800$）应计入长期股权投资的成本。

B 公司（债务人）：债务变股本。

(1) 借：应付票据　　　　428 400

　　贷：股本　　　　160 000

　　　　资本公积——股本溢价　　　　240 000

　　　　营业外收入——债务重组利得　　　　28 400

其中，用于抵债的股份市价与面值的差额 $=(400\ 000-160\ 000)$ 元 $=$ 240 000 元

债务重组利得 $=(428\ 400-400\ 000)$ 元 $= 28\ 400$ 元

(2) 借：管理费用　　　　800

　　贷：银行存款　　　　800

7.【答案】

A 公司（债权人）：

(1) 收取汇票利息时：

借：银行存款　　　　1 872

　　贷：应收票据——应计利息　　　　1 872

需要说明的是，由于 A 公司在收取汇票利息前，已经对该汇票进行了计息，计息时已经编制了借记“应收票据——应计利息”1 872 元，贷记“财务费用”1 872 元的会计分录，所以 A 公司在收取汇票利息时，可直接贷记“应收票据”账户。

(2) 将来应收金额 52 000 元小于债权账面价值 62 400 元，A 公司将账面价值减记至将来应收金额时：

借：应收账款——B 公司　　　　52 000

　　营业外支出——债务重组损失　　　　10 400

　　贷：应收票据——面值　　　　62 400

B 公司（债务人）：

（1）付息时：

借：应付票据——应计利息　　1 872

　　贷：银行存款　　1 872

需要说明的是，由于B公司在支付汇票利息前，已经对该汇票进行了计息，已经在计息时编制了借记“财务费用”1 872元，贷记“应付票据——应计利息”1 872元的会计分录，所以B公司在支付汇票利息时，可直接借记“应付票据”账户。

（2）将来应付金额52 000元小于债务账面价值62 400元，A公司将账面价值减记至将来应付金额时：

借：应付票据——面值　　62 400

　　贷：应付账款——A公司　　52 000

　　　　营业外收入——债务重组利得　　10 400

8.【答案】

A公司（债权人）：

（1）2007年8月12日，重组债权账面价值63.18万元大于将来应收金额48.794 4万元[(63.18－18)×(1＋2%×4)＝48.794 4]，所以应将重组债权账面价减记至将来应收金额。

借：应收账款——债务重组　　487 944

　　营业外支出——债务重组损失　　143 856

　　贷：应收账款——B公司　　631 800

（2）2007年12月12日，收到余款以及加收的利息时：

借：银行存款　　487 944

　　贷：应收账款——债务重组　　487 944

B公司（债务人）：

（1）2007年8月12日债务重组时，重组债务的账面价值63.18万元大于将来应付金额48.794 4万元，所以应将重组债务的账面价值减记至将来应付金额。

借：应付账款——A公司　　631 800

　　贷：应付账款——债务重组　　487 944

　　　　营业外收入——债务重组利得　　143 856

（2）2007年12月12日，偿付余款以及利息时：

借：应付账款——债务重组　　487 944

　　贷：银行存款　　487 944

9.【答案】

A公司（债权人）：

重组债权账面价值63.18万元

或有收益 =（63.18 − 18）万元 ×［（3% − 2%）× 3］= 13 554 元

将来应收金额 48.794 4 万元（不含或有收益）。

（1）2007 年 8 月 12 日：

借：应收账款——债务重组 487 944

营业外支出——债务重组损失 143 856

贷：应收账款——B 公司 631 800

（2）2007 年 9 月 12 日起，假设 B 公司盈利，则 2007 年 10 月 12 日，A 公司应编制如下分录：

借：应收账款——债务重组 4 518（13 554÷3=4 518）

贷：营业外收入 4 518

（3）2007 年 11 月 12 日的分录同 10 月 12 日。

（4）2007 年 12 月 12 日的分录同 10 月 12 日。

（5）2007 年 12 月 12 日收回全部款项时：

借：银行存款 501 498

贷：应收账款——债务重组 501 498

B 公司（债务人）：

重组债务账面价值 63.18 万元。

或有支出 =（63.18 − 18）万元 ×［（3% − 2%）× 3］= 13 554 元

将来应付金额 =（63.18 − 18）万元 ×（1 + 2% × 4）= 48.794 4 元

（1）2007 年 8 月 12 日，将重组债务账面价值减至将来应付金额时：

借：应付账款——A 公司 631 800

贷：应付账款——债务重组 487 944

预计负债——A 公司 13 554

营业外收入——债务重组利得 130 302

（2）2007 年 9 月 12 日起，假设 B 公司盈利，则 2007 年 10 月 12 日 B 公司的账务处理为：

借：预计负债——A 公司 4 518（13 554÷3=4 518）

贷：应付账款——债务重组 4 518

（3）2007 年 11 月 12 日和 2007 年 12 月 12 日 B 公司的账务处理同 10 月 12 日。

（4）2007 年 12 月 12 日，B 公司支付全部款项时：

借：应付账款——债务重组 501 498

贷：银行存款 501 498

10.【答案】

A 公司（债权人）：

（1）2007 年 8 月 12 日：

借：应收账款——债务重组 487 944
　　营业外支出——债务重组损失 143 856
　　贷：应收账款——B公司 631 800

(2) 2007年10月12日、11月12日和12月12日不需要编制反映或有收益的会计分录。

(3) 2007年12月12日，收回款项时：

借：银行存款 487 944
　　贷：应收账款——债务重组 487 944

B公司（债务人）：

(1) 2007年8月12日

借：应付账款——A公司 631 800
　　贷：应付账款——债务重组 487 944
　　　　预计负债——A公司 13 554
　　　　营业外收入——债务重组利得 130 302

(2) 2007年9月12日起，因为B公司没有盈利，所以2007年10月12日B公司的账务处理为：

借：预计负债——A公司 13 554
　　贷：营业外收入 13 554

(3) 2007年12月12日B公司支付全部款项时：

借：应付账款——债务重组 487 944
　　贷：银行存款 487 944

11.【答案】

A公司（债权人）：

借：银行存款 90 000
　　固定资产 210 000
　　营业外支出——债务重组损失 168 000
　　贷：应收账款——B公司 468 000

B公司（债务人）：

(1) 借：固定资产清理 200 000
　　　　累计折旧 90 000
　　　　贷：固定资产 290 000

(2) 借：应付账款——A公司 468 000
　　　　贷：银行存款 90 000
　　　　　　固定资产清理 200 000
　　　　　　营业外收入——债务重组利得 168 000

营业外收入——处置固定资产利得 10 000

其中，处置固定资产利得 =［210 000 －（290 000 － 90 000）］元 =10 000 元

债务重组利得 =（468 000 － 90 000 － 210 000）元 = 168 000 元

12.【答案】

A 公司（债权人）：

借：银行存款 30 000

长期股权投资 350 000

固定资产 195 000

营业外支出——债务重组损失 3 000

贷：应收账款——B 公司 578 000

B 公司（债务人）：

（1）借：固定资产清理 180 000

累计折旧 120 000

贷：固定资产 300 000

（2）借：应付账款——A 公司 578 000

贷：银行存款 30 000

固定资产清理 180 000

股本 340 000

营业外收入——债务重组利得 3 000

营业外收入——处置固定资产利得 15 000

资本公积——股本溢价 10 000

其中，处置固定资产利得 =［195 000 －（300 000 － 120 000）］元 = 15 000 元

股本溢价 =（350 000 － 340 000）元 = 10 000 元

债务重组利得 =（578 000 － 30 000 － 195 000 － 350 000）元 = 3 000 元

13.【答案】

A 公司（债权人）：

借：银行存款 40 000

固定资产 100 000

长期股权投资 160 000

应收账款——债务重组 45 000

营业外支出——债务重组损失 15 000

贷：应收账款——B 公司 360 000

B 公司（债务人）：

（1）借：固定资产清理 90 000

累计折旧 60 000

贷：固定资产　　150 000

(2) 借：应付账款——A 公司　　360 000

贷：银行存款　　40 000

固定资产清理　　90 000

股本　　120 000

应付账款——债务重组　　45 000

营业外收入——债务重组利得　　15 000

营业外收入——处置固定资产利得　　10 000

资本公积——股本溢价　　40 000

其中，处置固定资产利得 ＝［100 000－(150 000－60 000)］元 ＝ 10 000 元

股本溢价 ＝ (160 000 － 120 000) 元 ＝ 40 000 元

债务重组利得＝(360 000－40 000－100 000－160 000－45 000) 元

＝15 000 元

第十三章　非货币性资产交换

一、单项选择题

1. C　2. C　3. B　4. A　5. B
6. A　7. A　8. C　9. C　10. C

二、多项选择题

1. ABCD　2. ABD　3. ACD　4. BD　5. AC
6. AC　7. ABCD　8. AB　9. AB　10. ACD

三、判断题

1. ×　2. ×　3. ×　4. ×　5. ×
6. ×　7. ○　8. ○　9. ○　10. ○

四、计算与会计处理题

1.【答案】

A、B 公司的会计处理如下：

第一，假设资产交换具有商业实质，双方的公允价值可靠，采用公允价值计价。

A 公司：

(1) 借：固定资产清理　275 000
　　累计折旧　150 000
　　贷：固定资产——锻压设备　425 000

(2) 借：固定资产清理　600
　　贷：银行存款　600

(3) 借：固定资产——车床　260 000
　　营业外支出　15 600
　　贷：固定资产清理　275 600

A 公司换入资产的入账价值 = 260 000 元

当期损益 = [260 000 −(425 000 − 150 000) − 600] 元 =− 15 600 元

B公司：

(1) 借：固定资产清理　　280 000
　　累计折旧　　60 000
　　贷：固定资产——车床　　340 000
(2) 借：固定资产清理　　400
　　贷：银行存款　　400
(3) 借：固定资产——锻压设备　　260 000
　　营业外支出　　20 400
　　贷：固定资产清理　　280 400

B公司换入资产的入账价值 = 260 000 元

当期损益 = [260 000 −(340 000 − 60 000) − 400] 元 = − 20 400 元

第二，假设资产交换双方的公允价值均不可靠，不具有商业实质，采用账面价值计价。

A公司：

(1) 借：固定资产清理　　275 000
　　累计折旧　　150 000
　　贷：固定资产——锻压设备　　425 000
(2) 借：固定资产清理　　600
　　贷：银行存款　　600
(3) 借：固定资产——车床　　275 600
　　贷：固定资产清理　　275 600

B公司：

(1) 借：固定资产清理　　280 000
　　累计折旧　　60 000
　　贷：固定资产——车床　　340 000
(2) 借：固定资产清理　　400
　　贷：银行存款　　400
(3) 借：固定资产——锻压设备　　280 400
　　贷：固定资产清理　　280 400

2.【答案】

第一，假设资产交换具有商业实质，双方的公允价值可靠，采用公允价值计价。

A公司：

(1) 借：固定资产清理　　275 000
　　累计折旧　　150 000
　　贷：固定资产——锻压设备　　425 000

(2) 借：固定资产清理 600
    贷：银行存款 600
(3) 注销减值准备时
  借：固定资产减值准备 25 200
    贷：固定资产清理 25 200
(4) 借：固定资产——车床 260 000
    贷：固定资产清理 250 400
      营业外收入 9 600

A公司换入资产的入账价值 = 260 000元

当期损益 = [260 000 -（425 000 - 150 000 - 25 200）- 600]元 = 9 600元

B公司：

(1) 借：固定资产清理 280 000
    累计折旧 60 000
    贷：固定资产——车床 340 000
(2) 借：固定资产清理 400
    贷：银行存款 400
(3) 注销减值准备时
借：固定资产减值准备 21 000
  贷：固定资产清理 21 000
(4) 借：固定资产——锻压设备 260 000
    贷：固定资产清理 259 400
      营业外收入 600

B公司换入资产的入账价值 = 260 000元

当期损益 = [260 000 -（340 000 - 60 000 - 21 000）- 400]元 = 600元

第二，假设资产交换双方的公允价值均不可靠，不具有商业实质，采用账面价值计价。

A公司：

(1) 借：固定资产清理 275 000
    累计折旧 150 000
    贷：固定资产——锻压设备 425 000
(2) 借：固定资产清理 600
    贷：银行存款 600
(3) 注销减值准备时：
借：固定资产减值准备 25 200
  贷：固定资产清理 25 200

（4）借：固定资产——车床　　250 400
　　　贷：固定资产清理　　250 400

B公司：

（1）借：固定资产清理　　280 000
　　　　累计折旧　　60 000
　　　贷：固定资产——车床　　340 000

（2）借：固定资产清理　　400
　　　贷：银行存款　　400

（3）注销减值准备时：

借：固定资产减值准备　　21 000
　　贷：固定资产清理　　21 000

（4）借：固定资产——普通车床　　259 400
　　　贷：固定资产清理　　259 400

3.【答案】

A、B公司的会计处理如下：

第一，假设资产交换具有商业实质，双方的公允价值可靠，采用公允价值计价。

A公司：

借：固定资产　　69 160
　　长期股权投资减值准备　　13 300
　　贷：长期股权投资　　79 800
　　　　投资收益　　2 660

B公司：

（1）借：固定资产清理　　898 580
　　　　累计折旧　　31 920
　　　贷：固定资产　　930 500

（2）借：长期股权投资　　69 160
　　　　营业外支出　　829 420
　　　贷：固定资产清理　　898 580

第二，假设资产交换双方的公允价值均不可靠，不具有商业实质，采用账面价值计价。

A公司：

借：固定资产　　66 500
　　长期股权投资减值准备　　13 300
　　贷：长期股权投资　　79 800

B公司：

(1) 借：固定资产清理 898 580
累计折旧 31 920
贷：固定资产 930 500

(2) 借：长期股权投资 898 580
贷：固定资产清理 898 580

4.【答案】

第一，假设资产交换具有商业实质，双方的公允价值可靠，采用公允价值计价。

A公司：

借：固定资产——空调 3 159
贷：主营业务收入 2 700
应交税费——应交增值税（销项税额） 459

借：主营业务成本 2 160
贷：库存商品——照相机 2 160

A公司换入资产的入账价值 =（2 700 + 459）元 = 3 159 元

B公司：

借：库存商品——照相机 2 700
应交税费——应交增值税（进项税额） 459
贷：主营业务收入 2 700
应交税费——应交增值税（销项税额） 459

借：主营业务成本 3 500
贷：库存商品——空调 3 500

B公司换入资产的入账价值=3 500元

第二，假设资产交换双方的公允价值均不可靠，不具有商业实质，采用账面价值计价。

A公司：

借：固定资产——空调 2 619
贷：库存商品——照相机 2 160
应交税费——应交增值税（销项税额） 459

B公司：

借：库存商品——照相机 3 500
应交税费——应交增值税（进项税额） 459
贷：库存商品——空调 3 500
应交税费——应交增值税（销项税额） 459

5.【答案】

第一，假设资产交换具有商业实质，双方的公允价值可靠，采用公允价值计价。

A公司：

A公司支付补价2.8万元，支付的补价占换出资产的公允价值与支付的补价之和的比例为：

2.8/(9.6＋2.8)＝22.58％，小于25%，为非货币性资产交换。

换入乙设备的入账价值＝换出资产的公允价值＋补价＋相关税费

＝(96 000＋28 000＋560)元＝124 560元

当期损益＝换出资产的公允价值－换出资产的账面价值

＝[96 000－(126 000－14 000)]元＝－16 000元

(1)	借：固定资产清理	112 000	
	累计折旧	14 000	
	贷：固定资产——甲设备		126 000
(2)	借：固定资产清理	560	
	贷：银行存款		560
(3)	借：固定资产——乙设备	124 560	
	营业外支出	16 000	
	贷：固定资产清理		112 560
	银行存款		28 000

B公司：

B公司收到补价2.8万元，收到的补价占换出资产公允价值的比例为：

2.8/12.4＝22.58%，小于25%，为非货币性资产交换。

换入甲设备的入账价值＝换出资产的公允价值－补价＋相关税费

＝(124 000－28 000＋420)元＝96 420元

当期损益＝换出资产的公允价值－换出资产的账面价值

＝[124 000－(140 000－21 000)]元＝5 000元

(1)	借：固定资产清理	119 000	
	累计折旧	21 000	
	贷：固定资产——刻模铣床		140 000
(2)	借：固定资产清理	420	
	贷：银行存款		420
(3)	借：固定资产——甲设备	96 420	
	银行存款	28 000	
	贷：固定资产清理		119 420

营业外收入 5 000

第二，假设资产交换双方的公允价值均不可靠，不具有商业实质，采用账面价值计价。

A 公司：

A 公司支付补价 2.8 万元，支付的补价占换出资产的公允价值与支付的补价之和的比例为：

2.8/(9.6＋2.8)＝22.58%，小于 25%，为非货币性资产交换。

换入乙设备的入账价值＝(126 000－14 000＋560＋28 000)元＝140 560 元

(1) 借：固定资产清理 112 000
　　　累计折旧 14 000
　　贷：固定资产——甲设备 126 000

(2) 借：固定资产清理 560
　　贷：银行存款 560

(3) 借：固定资产——乙设备 140 560
　　贷：固定资产清理 112 560
　　　　银行存款 28 000

B 公司：

B 公司收到补价 2.8 万元，收到的补价占换出资产公允价值的比例为：

2.8/12.4＝22.58%，小于 25%，为非货币性资产交换。

换入甲设备的入账价值＝(140 000－21 000＋420－28 000)元
＝91 420 元

(1) 借：固定资产清理 119 000
　　　累计折旧 21 000
　　贷：固定资产——刻模铣床 140 000

(2) 借：固定资产清理 420
　　贷：银行存款 420

(3) 借：固定资产——甲设备 91 420
　　　银行存款 28 000
　　贷：固定资产清理 119 420

6.【答案】

第一，假设资产交换具有商业实质，双方的公允价值可靠，采用公允价值计价。

A 公司：

A 公司首先计算换入资产的公允价值占公允价值总额的比例如下：

换入吊车的公允价值占公允价值总额比例：8.5/(8.5＋11)＝44%

换入压路机的公允价值占公允价值总额比例：11/(8.5＋11) = 56%

换入资产的入账价值总额 =（12＋7.5）万元 = 19.5 万元

换入吊车的入账价值 = 19.5 万元 × 44% = 8.58 万元

换入压路机的入账价值=19.5 万元×56%=10.92 万元

当期损益=换出资产的公允价值－换出资产的账面价值

=［120 000－(162 000－63 000)＋75 000－(82 000－26 000)］元

= 40 000 元

（1）借：固定资产清理　　155 000

　　　累计折旧　　89 000

　　贷：固定资产——解放　　162 000

　　　　固定资产——东方　　82 000

（2）借：固定资产——吊车　　85 800

　　　固定资产——压路机　　109 200

　　贷：固定资产清理　　155 000

　　　　营业外收入　　40 000

B 公司：

B 公司首先计算换入资产的公允价值占公允价值总额的比例如下：

换入解放的公允价值占公允价值总额比例：12 /(12＋7.5) = 62%

换入东方的公允价值占公允价值总额比例：7.5/(12＋7.5) = 38%

换入资产的入账价值总额 =（8.5＋11）万元 = 19.5 万元

换入解放的入账价值=19.5 万元×62%=12.09 万元

换入东方的入账价值=19.5 万元×38%=7.41 万元

当期损益=换出资产的公允价值－换出资产的账面价值

=［85 000－(175 000－78 000)＋110 000－(130 000－45 000)］元

= 13 000 元

（1）借：固定资产清理　　182 000

　　　累计折旧　　123 000

　　贷：固定资产——吊车　　175 000

　　　　固定资产——压路机　　130 000

（2）借：固定资产——解放卡车　　120 900

　　　固定资产——东方卡车　　74 100

　　贷：固定资产清理　　182 000

　　　　营业外收入　　13 000

第二，假设资产交换双方的公允价值均不可靠，不具有商业实质，采用账面价值计价。

A公司：

A公司首先计算换入资产的账面价值占账面价值总额的比例如下：

换入吊车的账面价值占账面价值总额比例：

(17.5－7.8)/[(17.5－7.8)＋(13－4.5)]＝9.7/18.2＝53%

换入压路机的账面价值占账面价值总额比例：

(13－4.5)/[(17.5－7.8)＋(13－4.5)]＝8.5/18.2＝47%

换入资产的入账价值总额＝[(16.2－6.3)＋(8.2－2.6)]万元

＝15.5万元

换入吊车的入账价值＝15.5万元×53%＝8.215万元

换入压路机的入账价值＝15.5万元×47%＝7.285万元

(1) 借：固定资产清理　155 000

　　累计折旧　89 000

　　贷：固定资产——解放卡车　162 000

　　　　固定资产——东方卡车　82 000

(2) 借：固定资产——吊车　82 150

　　固定资产——压路机　72 850

　　贷：固定资产清理　155 000

B公司：

B公司首先计算换入资产的换入资产的账面价值占账面价值总额的比例如下：

换入解放的账面价值占账面价值总额比例：

(16.2－6.3)/[(16.2－6.3)＋(8.2－2.6)]＝9.9/15.5＝64%

换入东方的账面价值占账面价值总额比例：

(8.2－2.6)/[(16.2－6.3)＋(8.2－2.6)]＝5.6/15.5＝36%

换入资产的入账价值总额＝[(17.5－7.8)＋(13－4.5)]万元

＝18.2万元

换入解放的入账价值＝18.2万元×64%＝11.648万元

换入东方的入账价值＝18.2万元×36%＝6.552万元

(1) 借：固定资产清理　182 000

　　累计折旧　123 000

　　贷：固定资产——吊车　175 000

　　　　固定资产——压路机　130 000

(2) 借：固定资产——解放卡车　116 480

　　固定资产——东方卡车　65 520

　　贷：固定资产清理　182 000

7.【答案】

第一，假设资产交换具有商业实质，双方的公允价值可靠，采用公允价值计价。

A公司：

A公司支付补价9万元，支付的补价占换出资产的公允价值与支付的补价之和的比例为：

9/(9＋84)＝9.68%，小于25%，为非货币性资产交换。

换入奔驰的公允价值占公允价值总额比例：80/(80＋13)＝86.02%

换入马自达的公允价值占公允价值总额比例：13/(80＋13)＝13.98%

换入资产的入账价值总额＝换出资产的公允价值＋补价＋相关税费

＝(84＋9)万元＝93万元

换入奔驰的入账价值＝93万元×86.02%＝79.998 6万元

换入马自达的入账价值＝93万元×13.98%＝13.001 4万元

当期损益＝换出资产的公允价值－换出资产的账面价值

＝[70－(87.5－26.25)＋14－(35－15.75)]万元＝3.5万元

(1) 借：固定资产清理　805 000

累计折旧　420 000

贷：固定资产——厂房　875 000

固定资产——车床　350 000

(2) 借：固定资产——奔驰　799 986

固定资产——马自达　130 014

贷：固定资产清理　805 000

银行存款　90 000

营业外收入　35 000

B公司：

B公司收到补价9万元，收到的补价占换出资产的公允价值的比例为：

9/93＝9.68%，小于25%，为非货币性资产交换。

换入厂房的公允价值占公允价值总额比例＝70/(70＋14)＝83.33%

换入车床的公允价值占公允价值总额比例＝14/(70＋14)＝16.67%

换入资产的入账价值总额＝换出资产的公允价值－补价＋相关税费

＝(93－9)万元＝84万元

换入厂房的入账价值＝84万元×83.33%＝69.997 2万元

换入车床的入账价值＝84万元×16.67%＝14.002 8万元

当期损益＝换出资产的公允价值－换出资产的账面价值

＝[800 000－(950 000－180 000)＋130 000－(140 000－20 000)]元

=40 000 元

(1) 借：固定资产清理 890 000
累计折旧 200 000
贷：固定资产——奔驰 950 000
固定资产——马自达 140 000

(2) 借：固定资产——厂房 699 972
固定资产——车床 140 028
银行存款 90 000
贷：固定资产清理 890 000
营业外收入 40 000

第二，假设资产交换双方的公允价值均不可靠，不具有商业实质，采用账面价值计价。

A 公司：

A 公司支付补价 9 万元，支付的补价占换出资产的公允价值与支付的补价之和的比例为：

9/(9＋84)＝9.68%，小于 25%，为非货币性资产交换。

换入奔驰的账面价值占账面价值总额比例：

(95－18)/[(95－18)＋(14－2)]＝86.52%

换入马自达的账面价值占账面价值总额比例：

(14－2)/[(95－18)＋(14－2)]＝13.48%

换入资产的入账价值总额＝换出资产的账面价值＋补价＋相关税费
＝[(87.5－26.25)＋(35－15.75)＋9] 万元
＝89.5 万元

换入奔驰的入账价值＝89.5 万元×86.52%＝77.435 4 万元

换入马自达的入账价值＝89.5 万元×13.48%＝12.064 6 万元

(1) 借：固定资产清理 805 000
累计折旧 420 000
贷：固定资产——厂房 875 000
固定资产——车床 350 000

(2) 借：固定资产——奔驰 774 354
固定资产——马自达 120 646
贷：固定资产清理 805 000
银行存款 90 000

B 公司：

B 公司收到补价 9 万元，收到的补价占换出资产的公允价值的比例为：

9/93=9.68%，小于 25%，为非货币性资产交换。

换入厂房的账面价值占账面价值总额比例

= (87.5 − 26.25)/[(87.5 − 26.25) + (35 − 15.75)]

= 61.25/80.5 = 76.09%

换入车床的账面价值占账面价值总额比例

= (35 − 15.75)/[(87.5 − 26.25) + (35 − 15.75)]

= 19.25/80.5 = 23.91%

换入资产的入账价值总额=换出资产的账面价值−补价+相关税费

= [(95 − 18) + (14 − 2) − 9] 万元 = 80 万元

换入厂房的入账价值=80 万元×76.09%=60.872 万元

换入车床的入账价值=80 万元×23.91%=19.128 万元

(1) 借：固定资产清理	890 000	
累计折旧	200 000	
贷：固定资产——奔驰		950 000
固定资产——马自达		140 000
(2) 借：固定资产——厂房	608 720	
固定资产——车床	191 280	
银行存款	90 000	
贷：固定资产清理		890 000

第十四章 会计政策、会计估计变更与会计差错更正

一、单项选择题

1. B 2. B 3. D 4. B 5. A
6. D 7. A 8. A 9. B 10. A

二、多项选择题

1. ABC 2. ABC 3. ABC 4. ABC 5. ABCD
6. ABC 7. ABCD 8. AB 9. AC 10. AB

三、判断题

1. × 2. × 3. × 4. ○ 5. ×
6. ○ 7. × 8. × 9. ○ 10. ×

四、计算与会计处理题

1.【答案】

A 公司将其以交易为目的购入的股票由成本与市价孰低改为公允价值计量属于会计政策的变更，采用追溯调整法进行会计处理时，A 公司的会计处理如下：

第一，首先计算会计政策变更的累积影响数如下表所示：

改变交易性金融资产计量方法后的累积影响数

单位：万元

时 间	公允价值	成本与市价孰低	税前差异	所得税影响	税后差异
2005 年末	285.6	252	33.6	11.088	22.512
2006 年末	72.8	61.6	11.2	3.696	7.504
合 计	358.4	313.6	44.8	14.784	30.016

A 公司 2007 年 12 月 31 日的比较财务报表列报前期最早期初为 2006 年 1 月 1 日。

上表说明，A 公司在 2005 年年末按公允价值计量的账面价值为 285.6 万元，按成本与市价孰低计量的账面价值为 252 万元，两者的税前差异为 33.6 万元，

两者的所得税影响合计为 11.088 万元，两者差异的税后净影响额（税后差异）为 22.512 万元。故 A 公司 2006 年期初由成本与市价孰低改为公允价值计量的累积影响数为 22.512 万元。

A 公司在 2006 年年末按公允价值计量的账面价值为 358.4 万元，按成本与市价孰低计量的账面价值为 313.6 万元，两者的税前差异为 44.8 万元，两者的所得税影响合计为 14.784 万元，两者差异的税后净影响额（税后差异）为 30.016 万元。其中，22.512 万元是调整 A 公司 2006 年累积影响数，7.504 万元是调整 2006 年当期金额。

A 公司按照公允价值重新计量 2006 年末乙股票账面价值，其结果为公允价值变动收益少计了 11.2 万元，所得税费用少计了 3.696 万元，净利润少计了 7.504 万元。

第二，编制有关项目的调整分录：

计算出累积影响数后，A 公司在 2007 年 1 月应编制的有关项目的调整分录如下：

（1）对 2005 年有关事项的调整分录：

① 调整会计政策变更累积影响数：

借：交易性金融资产——公允价值变动　　336 000
　　贷：利润分配——未分配利润　　225 120
　　　　递延所得税负债　　110 880

② 调整利润分配：

借：利润分配——未分配利润　　33 768（225 120×15%=33 768）
　　贷：盈余公积——法定盈余公积金　　22 512（225 120×10%=22 512）
　　　　盈余公积——任意盈余公积金　　11 256（225 120×5%=11 256）

（2）对 2006 年有关事项的调整分录：

① 调整交易性金融资产：

借：交易性金融资产——公允价值变动　　112 000
　　贷：利润分配——未分配利润　　75 040
　　　　递延所得税负债　　36 960

② 调整利润分配：

借：利润分配——未分配利润　　11 256（75 040×15%=11 256）
　　贷：盈余公积——法定盈余公积金　　7 504（75 040×10%=7 504）
　　　　盈余公积——任意盈余公积金　　3 752（75 040×5%=3 752）

第三，财务报表调整和重述（财务报表略）：

进行完上述的账务处理后，A 公司在 2007 年应调整相关会计报表如下：

A 公司在列报 2007 年财务报表时，应调整 2007 年资产负债表有关项目的年初数，利润表有关项目的上年金额，所有者权益变动表有关项目的上年金额和本年金额也应作相应调整。具体调整方法如下：

(1) 资产负债表项目的调整：

调增交易性金融资产项目年初余额 44.8 万元；调增递延所得税负债项目年初余额 14.78 4 万元；调增盈余公积项目年初余额 4.502 4 万元（30.016×15%=4.502 4)；调增未分配利润项目年初余额 25.513 6 万元（30.016×85%=25.513 6)。

(2) 利润表项目的调整：

调增公允价值变动收益上年金额 11.2 万元；调增所得税费用上年金额 3.696 万元；调增净利润项目上年金额 7.504 万元；调增基本每股收益 0.002 元。

(3) 所有者权益变动表项目的调整：

调增会计政策变更项目中盈余公积上年金额 3.376 8 万元，未分配利润上年金额 19.135 2 万元，所有者权益合计上年金额 22.512 万元。

调增会计政策变更项目中盈余公积本年金额 1.125 6 万元，未分配利润本年金额 6.378 4 万元，所有者权益合计本年金额 7.504 万元。

第四，附注说明：

调整完会计报表后，A 公司在 2007 年应进行的报表附注说明如下：

2007 年 A 公司按照会计准则的规定，对交易性金融资产计量由成本与市价孰低改为公允价值计量。此项会计政策变更采用追溯调整法，2007 年比较财务报表已重新表述。2006 年期初运用新会计政策追溯计算的会计政策变更累积影响数为 22.512 万元，调增 2006 年的期初留存收益 22.512 万元，其中调增盈余公积 3.376 8 万元，调增未分配利润 19.135 2 万元。会计政策变更对 2007 年度财务报表本年金额的影响为调增盈余公积 1.125 6 万元，调增未分配利润 6.378 4万元，调增净利润 7.504 万元。

2.【答案】

(1) A 公司会计政策变更对当期净利润的影响数计算如下：

A 公司改变存货计价方法，属于会计政策变更。由于采用移动加权平均法对以前年度的存货成本不能进行合理的调整，因此，采用未来适用法进行处理。A 公司不需要计算该项会计政策变更的累积影响数，但需要计算确定会计政策变更对当期净利润的影响数。

由于“发出存货的成本＝期初结存存货的成本＋本期购入存货的成本－期末结存存货的成本”，所以两种存货计价方法确定的发出存货的成本分别为：

采用移动加权平均法确定的发出存货的成本＝(1 440 000＋900 000－1 620 000)元
＝720 000 元

采用先进先出法确定的发出存货的成本＝(1 440 000＋900 000－1 890 000)元

= 450 000 元

两种方法确定的发出存货的成本差异为 270 000 万元，净利差异为 189 000 元［270 000 ×（1 − 33%）= 189 000］。

可见，由于该企业将存货的计价方法由先进先出法改为移动加权平均法，所以企业的净利润下降了 189 000 元。

（2）A 公司应在会计报表附注中作如下说明：

该企业对存货原来采用先进先出法计价，从本年度改用移动加权平均法。由于存货品种较多，且存货收发频繁，所以对以前年度的存货价值很难再按移动加权平均法进行调整，故根据成本效益原则，对该项会计政策变更，无法合理确定其累积影响数，因而采用未来适用法。由于该项会计政策变更，当期净利润减少 189 000 元。

3.【答案】

上述会计变更，就摊销方法改为一次摊销来看属于会计政策变更，就摊销年线缩短为一年来看，属于会计估计变更，难以进行区分，因此应作为会计估计变更进行处理。2007 年 1 月 31 日，该公司编制会计分录如下：

借：管理费用　　456 750

　　贷：累计摊销　　456 750

4.【答案】

（1）A 公司应对上述会计估计变更作出如下会计处理：

① 不调整以前各期折旧，也不计算累计影响数。

② 变更日以后发生的经济业务改按新估计提取折旧。

按照原来的估计，每年折旧额为：(136 000 − 1 000) 元 /15 = 9 000 元

从 2002 年初至 2007 年初已经提取了 5 年折旧，所以在 2007 年初，该设备的账面净值为：［136 000 −（9 000 × 5）］元 = 91 000 元

按照新的估计，该设备尚可使用的年限为 5 年（10 − 5 = 5），从 2007 年起，每年折旧额为：(91 000 − 500) 元 /5 = 18 100 元

A 公司 2007 年不必对以前年度已提折旧进行调整，只需要按新的估计计算确定的年折旧费用，编制如下会计分录：

借：管理费用　　18 100

　　贷：累计折旧　　18 100

（2）A 公司应在会计报表附注中作如下说明：

本公司一台管理用设备，原始价值 136 000 元，原估计使用年限为 15 年，预计净残值 1 000 元，按直线法计提折旧。由于新技术的出现，已不能继续按原定使用年限计提折旧，于 2007 年 1 月 1 日将该设备的折旧年限改为 10 年，预计净残值为 500 元。此项会计估计变更使本年度净利润减少了 6 097 元［(18 100 −

9 000)×(1－33%)＝6 097]。

5.【答案】

(1) A公司应进行如下会计处理：

第一，分析前期差错的影响数：

2006年少提折旧费用468 000元；多计利润总额468 000元；多计所得税费用154 440元；多计净利润313 560元；多计应交税金154 440元；多提法定盈余公积金31 356元。该企业漏记的折旧费用金额较大，属于本期发现的重要前期差错。

第二，编制有关项目的调整分录如下：

① 补提折旧时：

借：以前年度损益调整 468 000

　　贷：累计折旧 468 000

② 调少应交所得税时：

借：应交税费——应交所得税 154 440

　　贷：以前年度损益调整 154 440

③ 将以前年度损益调整科目余额转入利润分配时：

借：利润分配——未分配利润 313 560

　　贷：以前年度损益调整 313 560

④ 调整利润分配有关数字时：

借：盈余公积——法定盈余公积金 31 356

　　贷：利润分配——未分配利润 31 356

(2) 财务报表调整和重述(财务报表略)：

A公司在编制2007年的资产负债表时，应调整资产负债表的年初数；利润表及所有者权益变动表的上年数也应作相应调整。具体调整方法如下：

① 资产负债表项目的调整：

2007年资产负债表年初数：调增累计折旧项目468 000元，调减应交税费项目154 440元；调减未分配利润项目282 204元(313 560×90%＝282 204)，调减盈余公积项目31 356元。

② 利润表项目的调整：

利润表上年数(2006年)：管理费用项目调增468 000元；所得税费用项目调减154 440元，利润总额项目调减468 000元，净利润项目调减313 560元；基本每股收益项目调减0.31元。

③ 所有者权益变动表项目的调整：

调减前期差错更正项目中盈余公积上年金额31 356元(313 560×10%＝31 356)，未分配利润上年金额282 204元(313 560×90%＝282 204)元，所有者权益合计上年金额 313 560 元。

(3) A 公司应在会计报表附注中作如下说明：

本年度发现 2006 年漏记固定资产折旧 468 000 元，在编制 2007 和 2006 年比较会计报表时，已对这笔差错进行了更正。更正后，调增管理费用项目 468 000 元，调减所得税费用项目 154 440 元，调减 2006 年净利润项目 313 560 元。调减 2006 年末未分配利润项目 282 204 元，调减应交税费项目 154 440 元，调减盈余公积项目 31 356 元，调增累计折旧项目 468 000 元。

第十五章　财务会计报告

一、单项选择题

1. C　2. B　3. C　4. B　5. B
6. A　7. D　8. A　9. B　10. D

二、多项选择题

1. ACE　2. ABE　3. ACE　4. BCD　5. BC
6. BCDE　7. ABCDE　8. BCDE　9. ABDEF　10. ACDE

三、判断题

1. ×　2. ○　3. ×　4. ×　5. ×
6. ×　7. ×　8. ×　9. ○　10. ×

四、计算及会计处理题

1.【答案】

(1) 销售商品提供劳务收到的现金：

=(1 000 000+170 000+20 000−15 000−14 000−2 000)元=1 159 000元

(2) 购买商品、接受劳务支付的现金：

=(600 000+80 000+1 000−2 000−20 000+1 600+4 000−16 000−20 000)元=628 600元

2.【答案】

编制甲企业的会计分录：

(1) 借：原材料　600 000
　　　应交税费——应交增值税（进项税额）　102 000
　　　贷：应付票据　702 000

(2) 借：应收账款　93 600
　　　贷：主营业务收入　80 000
　　　　　应交税费——应交增值税（销项税额）　13 600

借：主营业务成本　64 000
　　贷：库存商品　64 000

(3) 借：银行存款　　60 840
　　贷：其他业务收入　　52 000
　　　　应交税费——应交增值税（销项税额）　　8 840
借：其他业务成本　　36 000
　　贷：原材料　　36 000
(4) 借：固定资产清理　　252 000
　　　　累计折旧　　48 000
　　贷：固定资产　　300 000
借：银行存款　　360 000
　　贷：固定资产清理　　360 000
借：固定资产清理　　108 000
　　贷：营业外收入　　108 000
(5) 借：资产减值损失　　468
　　贷：坏账准备　　468
(6) 借：应付票据　　40 000
　　　　应交税费——应交所得税　　4 600
　　贷：银行存款　　44 600
(7) 借：公允价值变动损益　　25 000
　　贷：交易性金融资产　　25 000
(8) 借：公允价值变动损益　　20 000
　　贷：投资性房地产　　20 000
(9) 借：管理费用　　2 000
　　贷：累计摊销　　2 000
借：管理费用　　17 532
　　贷：累计折旧　　17 532
借：所得税费用　　35 950
　　贷：应交税费——应交所得税　　35 950
借：利润分配——提取盈余公积　　3 905
　　贷：盈余公积　　3 905

编制资产负债表如下表所示：

资产负债表

编制单位：甲企业　　2008 年 12 月 31 日　　单位：元

资　产	年 末 数	负债及所有者权益	年 末 数
流动资产：		流动负债：	
货币资金	1 032 240	短期借款	600 000

（续）

资　　产	年末数	负债及所有者权益	年末数
交易性金融资产	120 000	交易性金融负债	
应收票据	60 000	应付票据	762 000
应收账款	491 132	应付账款	360 000
预付款项		预收款项	
应收利息		应付职工薪酬	10 000
应收股利		应交税费	－24 210
其他应收款	400	应付利息	
存货	1 420 000	应付股利	
流动资产合计	3 123 772	其他应付款	
非流动资产：		一年内到期的非流动负债	
可供出售金融资产		其他流动负债	
持有至到期投资		流动负债合计	1 707 790
长期应收款		非流动负债：	
长期股权投资	1 200 000	长期借款	2 520 000
投资性房地产	180 000	应付债券	
固定资产	4 010 468	长期应付款	
在建工程		专项应付款	
工程物资		预计负债	
固定资产清理		递延所得税负债	
生产性生物资产		其他非流动负债	
油气资产		非流动负债合计	2 520 000
无形资产	8 000	负债合计	4 227 790
开发支出		所有者权益：	
商誉		实收资本	4 000 000
长期待摊费用		资本公积	
递延所得税资产		减：库存股	
其他非流动资产		盈余公积	243 905
非流动资产合计	5 398 468	未分配利润	50 545
		所有者权益合计	4 294 450
资产总计	8 522 240	负债和所有者权益总计	8 522 240

3.【答案】

现金流量表

编制单位：W公司　　　　2008年度　　　　单位：元

项　　目	金　　额
一、经营活动产生的现金流量	
销售商品、提供劳务收到的现金	1 506 000
收到的税费返还	
收到的其他与经营活动有关的现金	
现金流入小计	1 506 000
购买商品接受劳务支付的现金	733 000
支付给职工以及为职工支付的现金	330 000
支付的各项税费	204 000
支付的其他与经营活动有关的现金	103 000
现金流出小计	1 370 000
经营活动产生的现金净额	136 000
二、投资活动产生的现金流量：	
收回投资收回的现金	36 000
取得投资收益所收到的现金	
处置固定资产、无形资产和其他长期资产收回的现金	116 000
收到的其他与投资活动有关的现金	
现金流入小计	152 000
购建固定资产、无形资产和其他长期资产支付的现金	634 000
投资所支付的现金	46 000
支付的其他与投资活动有关的现金	
现金流出小计	680 000
投资活动产生的现金流量净额	－528 000
三、筹资活动产生的现金流量	
吸收投资所收到的现金	530 000
取得借款所收到的现金	100 000
收到的其他与筹资活动有关的现金	
现金流入小计	630 000
偿还债务所支付的现金	140 000
分配股利、利润和偿付利息所支付的现金	74 000
支付的其他与筹资活动有关的现金	
现金流出小计	214 000
筹资活动产生的现金流量净额	416 000
四、汇率变动对现金的影响	
五、现金及现金等价物净增加额	24 000
加：期初现金及现金等价物余额	147 000
六、期末现金及现金等价物余额	171 000

现金流量表补充资料　　　　单位：元

补 充 资 料	本 期 金 额
1. 将净利润调节为经营活动现金流量：	
净利润	402 000
加：资产减值准备	
固定资产折旧、油气资产折耗、生产性生物资产折旧	43 000
无形资产摊销	
长期待摊费用摊销	−24 000
处置固定资产、无形资产和其他长期资产的损失（收益以“—”号填列）	−6 000
固定资产报废损失（收益以“—”号填列）	
公允价值变动损失（收益以“—”号填列）	
财务费用（收益以“—”号填列）	20 000
投资损失（收益以“—”号填列）	−6 000
递延所得税资产减少（增加以“—”号填列）	
递延所得税负债增加（减少以“—”号填列）	
存货的减少（增加以“—”号填列）	−170 000
经营性应收项目的减少（增加以“—”号填列）	30 000
经营性应付项目的增加（减少以“—”号填列）	−153 000
经营活动产生的现金流量净额	136 000
2. 不涉及现金收支的投资和筹资活动：	
债务转为资本	
一年内到期的可转换公司债券	
融资租入固定资产	
3. 现金及现金等价物净增加情况	
现金的期末余额	171 000
减：现金的期初余额	147 000
加：现金等价物的期末余额	
减：现金等价物的期初余额	
现金及现金等价物净增加额	24 000

第十六章　资产负债表日后事项

一、单项选择题

1. C　　2. B　　3. C　　4. B　　5. D
6. A　　7. C　　8. A　　9. B　　10. A

二、多项选择题

1. ABE　　2. ABCD　　3. CDE　　4. ABC　　5. ABCE
6. BC　　7. ABCD　　8. ABE　　9. CD　　10. ABE

三、判断题

1. ×　　2. ×　　3. ×　　4. ×　　5. ○
6. ×　　7. ×　　8. ×　　9. ○　　10. ×

四、计算与会计处理题

1.【答案】

(1) 上述事项均属于资产负债表日后事项。其中事项①、③属于调整事项，事项②、④属于非调整事项。

(2) 编制会计分录

事项①

调整折旧费用：

借：累计折旧　　200 000
　　贷：以前年度损益调整　　200 000
借：以前年度损益调整　　50 000
　　贷：应交税费——应交所得税　　50 000
借：以前年度损益调整　　150 000
　　贷：利润分配——未分配利润　　150 000
借：利润分配——未分配利润　　15 000
　　贷：盈余公积　　15 000

调整工资费用：

借：以前年度损益调整　　50 000

贷：应付职工薪酬 50 000

借：应交税费——应交所得税 12 500

贷：以前年度损益调整 12 500

借：利润分配——未分配利润 37 500

贷：以前年度损益调整 37 500

借：盈余公积 3 750

贷：利润分配——未分配利润 3 750

事项③

借：以前年度损益调整 360 000

主营业务收入 240 000

应交税费——应交增值税 102 000

贷：应收账款 702 000

借：库存商品 400 000

贷：主营业务成本 160 000

以前年度损调整 240 000

借：坏账准备 42 120

贷：以前年度损益调整 42 120

借：应交税费——应交所得税 19 470

贷：以前年度损益调整 19 470

借：利润分配——未分配利润 58 410

贷：以前年度损益调整 58 410

借：盈余公积 5 841

贷：利润分配——未分配利润 5 841

按照资产负债表日后事项会计准则，调整事项在调整了会计报表相关数字后，一般不需要在会计报表附注中进行披露。作为①事项，属于以前年度重大会计差错，应按照会计差错处理原则在调账、调表的同时，在会计报表附注中进行披露。事项②、④属于资产负债表日后非调整事项，只需在报告年度会计报表附注中进行披露。

2.【答案】

事项①为调整事项。

借：以前年度损益调整——管理费用 1.50 万

以前年度损益调整——营业外支出 463.50 万

贷：其他应付款 465 万

借：其他应收款 231.75 万

贷：以前年度损益调整——营业外支出 231.75 万

借：应交税费——应交所得税　58.31万

　　贷：以前年度损益调整——所得税费用　58.31万

借：利润分配——未分配利润　157.45万

　　盈余公积　17.49万

　　贷：以前年度损益调整　174.94万

事项②为调整事项。

借：以前年度损益调整——管理费用　105万

　　贷：坏账准备　105万

借：应交税费——应交所得税　40.5万

　　贷：以前年度损益调整——所得税费用　26.25万

　　　　递延所得税负债　14.25万

借：利润分配——未分配利润　70.87万

　　盈余公积　7.88万

　　贷：以前年度损益调整　78.75万

对于③2008年3月25日收到退回的2007年12月10日销售的摩托车，属于调整事项。

借：以前年度损益调整——主营业务收入　150万

　　应交税费——应交增值税　25.50万

　　贷：应付账款　175.50万

借：库存商品　120万

　　贷：以前年度损益调整——主营业务成本　120万

借：应交税费——应交消费税　15万

　　贷：以前年度损益调整——主营业务税金及附加　15万

借：应交税费——应交所得税　3.75万

　　贷：以前年度损益调整——所得税　3.75万

借：应付账款　175.50万

　　贷：银行存款　175.50万

借：利润分配——未分配利润　10.12万

　　盈余公积　1.13万

　　贷：以前年度损益调整　11.25万

利　润　表

编制单位：甲公司　　2007年度　　单位：万元

项　目	调整前	调整后
一、营业收入	3 675	3 525

（续）

项　　目	调整前	调整后
减：营业成本	2 550	2 430
营业税金及附加	172.50	157.5
销售费用	300	300
管理费用	150	256.5
财务费用	30	30
加：投资收益	150	150
二、营业利润	622.5	501
加：营业外收入	30	30
减：营业外支出	82.50	314.25
三、利润总额	570	216.75
减：所得税费用	163.35	75.04
四、净利润	406.65	141.71
五、每股收益		
（一）基本每股收益		
（二）稀释每股收益		

参 考 文 献

[1] 魏素艳. 财务会计［M］. 2版. 北京：机械工业出版社，2007.

[2] 魏素艳. 新编会计学［M］. 2版. 北京：清华大学出版社，2007.

[3] 中华人民共和国财政部. 企业会计准则［M］. 北京：经济科学出版社，2006.

[4] 中华人民共和国财政部. 企业会计准则——应用指南［M］. 北京：中国财政经济出版社，2006.

[5] 中华人民共和国财政部. 企业会计准则讲解［M］. 北京：人民出版社，2007.

[6] 郑庆华. 会计［M］. 北京：经济科学出版社，2007.

[7] 中国注册会计师协会. 会计［M］. 北京：中国财政经济出版社，2007.

[8] 孙利沿. 财务会计习题集［M］. 北京：机械工业出版社，2004.

[9] 注册会计师全国统一考试研究中心. 2000～2005年度注册会计师全国统一考试试题详解会计［M］. 大连：东北财经大学出版社，2006.

[10] 财政部会计资格评价中心. 中级会计实务［M］. 北京：经济科学出版社，2007.

[11] 全国会计专业技术资格考试参考用书编审委员会. 中级会计实务全真模拟试题［M］. 北京：中国财政经济出版社，2007.